Kinder & Kunst

Klett | Kallmeyer

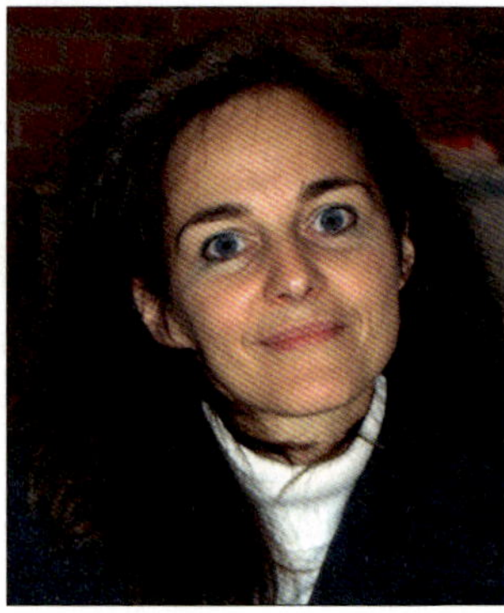

Constanze Kirchner, geb. 1962, war von 1989 bis 1998 Grundschullehrerin mit den Fächern Kunst, Deutsch und Sachunterricht. Ein Zweitstudium in Kunstpädagogik, Soziologie und Psychologie führte zum M.A. 1998 erfolgte die Promotion. Ihre Dissertation befasst sich mit der Vermittlung von Gegenwartskunst in der Grundschule und dem ästhetischen Verhalten von Grundschulkindern. Von 1998 bis 2001 widmete sie sich als wissenschaftliche Assistentin an der Universität Gießen vorrangig der Kinderzeichnungstheorie und den neuen Medien, seit 2001 ist sie Professorin für Kunstpädagogik an der Universität Augsburg. Ihre Arbeitsschwerpunkte liegen u. a. in den Bereichen didaktischer Theorie und Methodik der Vermittlung zeitgenössischer Kunst, ästhetischen Verhaltens und bildnerischen Ausdrucks von Kindern und Jugendlichen, der Funktion und Bedeutung digitalen Gestaltens, des interdisziplinären ästhetischen Lernens, der Identitätsentwicklung und Kreativitätsförderung im Kunstunterricht.

Bibliografische Information der Deutschen Nationalbibliothek
Die Deutsche Nationalbibliothek verzeichnet diese Publikation in der Deutschen Nationalbibliografie;
detaillierte bibliografische Daten sind im Internet über http://dnb.d-nb.de abrufbar.

Impressum

Constanze Kirchner
Kinder und Kunst
Was Erwachsene wissen sollten.

1. Auflage 2008

Realisation: Friedrich Medien-Gestaltung
Druck: AALEXX GmbH, Großburgwedel.
Printed in Germany

ISBN: 978-3-7800-8028-8

Kinder & Kunst

Was Erwachsene wissen sollten

Constanze Kirchner

Klett | Kallmeyer

Warum der nähere Blick auf „Kinder und Kunst“ lohnt

Von den ersten Materialerfahrungen und Kritzelspuren bis zur ausdifferenzierten Darstellung durchlaufen Kinder eine lange Entwicklung. Jedes Kind schlägt dabei einen eigenen Pfad ein und entwickelt eine ganz persönliche Bildsprache, die auf subjektiven Erfahrungen und Erkenntnissen beruht. Wer sich für die bildnerisch-ästhetische Entwicklung von Kindern interessiert, weiß, wie unterschiedlich die Interessen sein können: Vom Zeichnen, Bauen und Spielen über das Entdecken von Farben, das technische Konstruieren oder das Sammeln von Gegenständen betätigen sich Kinder auf gestalterische Weise.

Das Bewusstsein wecken

Wir Erwachsene begleiten Kinder zu Hause, im Kindergarten und in der Schule bei ihrer gestalterischen Entwicklung und nehmen durch unsere Reaktionen und Anregungen automatisch Einfluss auf ihr bildnerisches Tun. Das ist eine hohe Verantwortung, denn Kinder drücken sich über ihre bildnerischen Darstellungen aus und eignen sich ihre Umwelt dadurch an.
Daraus ergeben sich zahlreiche Fragen: Was bedeuten die kindlichen Darstellungen? Welche Bedürfnisse stehen dahinter? Wie kann ich das Kind am besten in seinen bildnerischen Ausdrucksmöglichkeiten unterstützen? Was kann ich alles falsch machen? Diese Fragen zu beantworten, ist das Ziel dieses Buches. Es soll die nötige Sicherheit und Souveränität geben, das Kind seinen Interessen gemäß zu fördern und die Freude am Gestalten anzustoßen bzw. zu erhalten. Das Verstehen von – auch ungewöhnlichen, unkonventionellen – bildnerischen Ausdrucksformen ist Voraussetzung für ein sinnvolles Fördern der Kinder in diesem Bereich.

Die Wahrnehmung schärfen

Das Buch soll Einblick in die zeichnerische Entwicklung von Kindern geben und Verständnis für das spielerisch-ästhetische Verhalten schaffen. Wesentliche Aspekte sind hierbei die Materialien mit ihren spezifischen Qualitäten, die bildnerischen Prozesse und die damit verbundenen geistigen Fähigkeiten wie Fantasie und Imagination. Sie erfahren, warum Kinder bildnerisch gestalten und wie vielseitig ihre Ausdrucksmöglichkeiten sind – angefangen beim Sammeln und Ordnen bis hin zu komplexen bildnerischen Verfahren. Anhand zahlreicher Bildbeispiele und begleitender Texte wird gezeigt, wie Kinder in ihren individuellen Bedürfnissen gefördert und durch gezielte Anregungen und Impulse unterstützt werden können. Außerdem interessieren sich Kinder auch für Kunst. Was gefällt ihnen besonders? Welche Kunst können sie verstehen? Und wie können Kunstwerke die gestalterische Entwicklung anregen?

Die Kinder unterstützen

Werden Kinder mit ihren bildnerischen Experimenten und Ergebnissen ernst genommen, ist dies der erste Schritt einer fundierten Begleitung. Wir müssen uns Zeit für die Beobachtung des Kindes und die gemeinsame Auseinandersetzung mit ihm nehmen. Denn Förderung und Unterstützung geht vor allem mit einer angemessenen Wertschätzung der kindlichen Gestaltungen einher.
Sie bekommen zahlreiche Tipps, wie Sie Kinder sinnvoll begleiten können. Kinder sollten mit Lust und Engagement bei der Sache sein, ohne Erwartungsdruck gestalten und sich dabei spannenden Herausforderungen widmen dürfen. Dieses Buch soll Sie ermutigen, Kindern diese Erfahrungen mit zahlreichen Gestaltungsmaterialien und Verfahren zu ermöglichen.

Danksagung

Ein besonderer Dank für die Bereitstellung von zahlreichen Abbildungen aus der Praxis geht an Sabine Gaubatz, Birgit Kubiak, Brigitte Limper, Monika Miller, Ursula Neidlinger (Kindertagesstätte Ulm), Wolfgang Neidlinger, Andreas Schoppe, Monika Schor, Vroni Speer und natürlich die vielen Kinder, deren Werke vorgestellt werden.
Stellvertretend für alle Kinder ist das Buch Elisabeth, Rosanna, Pascal und Julian gewidmet.

Kinder & Kunst

Was Erwachsene wissen sollten

8 Grundlagen des bildnerischen Gestaltens von Kindern

12 Welche bildnerischen Fähigkeiten haben Kinder?

18 Warum gestalten Kinder? Was wird dabei gelernt?

25 Wie wirken Vorstellung, Fantasie und Kreativität zusammen?

39 Wozu brauchen Kinder ästhetische Bildung?

40 Entwicklung der Bildsprache in der Kinderzeichnung

44 Wie zeichnen Kinder? Welche Stilmittel nutzt die Kinderzeichnung?

60 Was zeichnen Kinder? Welche Inhalte sind für Kinder relevant?

71 Wie gehen Kinder und Erwachsene mit Kinderzeichnungen im Alltag um?

80 **Arbeitsmittel, Techniken, Medien und der Umgang mit Kunstwerken**

83 Wie sehen altersgerechte Ausstattung und Rahmenbedingungen aus?

90 Welche Techniken und Verfahren sollen Kinder kennen lernen?

110 Wie ist das Gestalten mit digitalen Medien zu bewerten?

118 Warum brauchen Kinder Kunst?

130 **Förderung von Gestaltungsprozessen und Bildkompetenzen**

133 Welche Anregungen und Impulse sind sinnvoll?

140 Wie sind bildnerische Resultate zu verstehen?

145 Welche Aufgaben und Ziele verfolgt der Kunstunterricht in der Grundschule?

159 Literatur

160 Bildnachweise

Grundlagen des bildnerischen Gestaltens von Kindern

- Welche bildnerischen Fähigkeiten haben Kinder?
- Warum gestalten Kinder? Was wird dabei gelernt?
- Wie wirken Vorstellung, Fantasie und Kreativität zusammen?
- Wozu brauchen Kinder ästhetische Bildung?

Grundlagen des bildnerischen Gestaltens von Kindern

Kinder erforschen ihre Umwelt auf ästhetische Weise und mit gestalterischen Mitteln. Sie kritzeln, zeichnen und malen. Sie bauen Sandburgen und Baumhäuser, sie spielen im Matsch und sammeln unterschiedlichste Dinge. Sie stellen skurrile und/oder funktionale Objekte und Fantasiefiguren aus gefundenen Materialien her. Sie drücken sich durch Bewegung und Tanz aus, sie fotografieren, entwickeln Collagen am Computer und vieles mehr. Diese Aktivitäten sind Teil ihres täglichen Spiels und lassen sich als ästhetisches Verhalten zusammenfassen. Ein solches Interesse am ästhetischen Tun ist als anthropologische Konstante festzuhalten. Das heißt, die Kinder erkunden und gestalten ihre Umwelt mit allen Sinnen, weil es ihnen ein Bedürfnis ist, das sie zur individuellen Entwicklung benötigen. Denn im Spiel wie im bildnerischen Verhalten findet eine handelnde Auseinandersetzung mit der Lebenswelt statt:

Sie erforschen die Dinge und sammeln Eindrücke, die sie mit ihrem bisherigen Wissen vergleichen und verknüpfen. Daraus entstehen innere Bilder. Diese inneren Bilder werden am besten durch ihre Umsetzung in äußere Bilder, in zeichnerische Darstellungen oder räumliche Gestaltungen weiterentwickelt und differenziert.

Carolina ist vier Jahre alt und mag überhaupt nicht zeichnen. Ist das ein Problem?

Das Zeichnen ist eine Form der Auseinandersetzung, Verarbeitung und Strukturierung von Lebensgeschehen. Aber darüber hinaus gibt es vielerlei weitere Möglichkeiten, die Lebenswelt auf ästhetische Weise zu erkunden. Nicht jedem Kind liegt das Zeichnen, für manches Kind sind die Bewegung und der Tanz ein Weg, Raumerfahrungen zu machen und Räume zu gestalten, andere Kinder benötigen hierfür die Darstellung auf dem Papier. Das Ordnen von Gegenständen zueinander kann ebenso beim Malen wie beim Sammeln stattfinden, und Fantasiegeschichten können sowohl im Baumhaus entwickelt werden wie auf dem Zeichenblock. Jedes Kind muss in seinem eigenen Vorgehen und Bedürfnis, die eigene Lebenswelt aktiv zu verarbeiten und zu gestalten, unterstützt werden.

Wenn Carolina nicht zeichnen mag, sammelt oder bastelt sie vielleicht gerne, baut oder ordnet ihre Sammlungsstücke. Wichtig ist es, das Kind mit seinen ästhetischen Fähigkeiten und Interessen genau zu beobachten, um herauszufinden, wo sein gestalterisches Vermögen besonders ausgeprägt ist. Kinder müssen ihre jeweils eigenen Wege finden, bildnerisch tätig zu werden.

Niklas (7;6 Jahre)

Einfallsreichtum, Fantasietätigkeit und Kreativität schlagen sich in den gestalterischen Aktivitäten von Kindern nieder – beim Zeichnen und Malen, Bauen, Basteln und Konstruieren. Kinder sind neugierig und wissensdurstig, sie suchen Widerstände und Grenzen. Das Ausprobieren von Materialien, die Suche nach Neuem und das Experimentieren mit Gegenständen, verschiedenen Materialien usw. ermöglicht Kindern, die Welt zu entdecken und sich weiterzuentwickeln. Sie bewegen sich hiermit in einem fortwährenden Bildungsprozess, in den wir unterstützend, fördernd und fordernd eingreifen können. Um jedoch eingreifen zu können, müssen wir die Welt der Kinder, ihr Denken, Handeln und gestalterisches Tun verstehen. Wir müssen überlegen, warum sie zeichnen und zu welchem Zweck. Welche Funktion hat das ästhetische Tun für das Kind? Und wenn wir eingreifen: Wozu? In welcher Hinsicht wollen wir das Kind fördern, wohin wollen wir es lenken? Oder ist es ausreichend, nur die schöpferischen Fähigkeiten des Kindes zu erkennen und diese entsprechend zu unterstützen?

Welche bildnerischen Fähigkeiten haben Kinder?

Alle Kinder sind mehr oder weniger wissbegierig und kreativ, fantasievoll und voller Tatendrang – sonst wäre gar keine Entwicklung möglich. Allerdings haben sie dabei oftmals unterschiedliche Schwerpunkte: So wie das eine Kind besser rennen als schwimmen kann, kann das andere besser zeichnen oder besser bauen und konstruieren. Das nächste hat ein außergewöhnliches Farbgefühl, eines kann sehr gut tanzen, und ein anderes sammelt und ordnet lieber. Es gibt vielerlei ästhetische Fähigkeiten im gestalterischen Bereich, die nicht miteinander vergleichbar sind. Diese speziellen Fähigkeiten der Kinder gilt es zu erkennen, ihre bildnerischen Vorlieben präzise zu beobachten.

In den folgenden Abschnitten werden Aspekte des ästhetischen Verhaltens von Kindern dargelegt, die ebenso wie das Zeichnen und Malen elementare Bestandteile ästhetischer Bildung sind.

Genaue Beobachtung

- Welche Farben, welche Motive mag das Kind?
- Welche Formen und Kompositionen bevorzugt es?
- Gibt es Lieblingfarben und Lieblingsformen?
- Welche Fotos, Plakate oder Kunstwerke findet es ansprechend?
- Liebt es Rhythmus, Tanz, Bewegung?
- Gestaltet das Kind gerne mit den Händen oder benutzt es ein Zeichenmittel?
- Baut, konstruiert und bastelt es gerne?
- Sammelt es? Ordnet es?
- Malt, zeichnet, kritzelt es?
- Mit welchen Materialien arbeitet es bevorzugt? (Holz, Draht, Naturprodukte, Papier, Textilien, Klebeband usw.) Mag es den Umgang mit formbaren Materialien? (Lehm, Sand, Knete)
- Welche Werkzeuge benutzt das Kind?
- Welche Verbindungstechniken werden präferiert?
- Wie arbeitet es? (Ausdauernd, konzentriert, im Liegen, im Stehen usw.)

1–3 | Kinder können auf unterschiedlichste Art und Weise gestalterisch tätig sein. Wo liegen die Vorlieben?

Sammeln und ordnen

Mara sammelt kleine Dinge, füllt die Gegenstände in Taschen und Kästen, räumt ein und aus, sortiert hin und her, ordnet vor und zurück. Sie wiederholt diese Tätigkeiten unendliche Male. Warum macht sie das?

Kinder sammeln Streichholzschachteln, Spielzeugautos, den Inhalt von Kinderschokoladeneiern, Korken, Bierdeckel, Fan-Artikel und vieles mehr – zweckfrei und aus eigenem Willen. Die Sammlungsstücke werden begutachtet, verglichen, getauscht, geordnet und vor allem präsentiert. Dieses Sammeln ist für Kinder aus verschiedenen Gründen bedeutungsvoll: Sammlungsgegenstände dienen unter anderem als Erinnerungsstücke, die Entdeckungen, Erfahrungen und Handlungen repräsentieren. Sie können Erlebnisse gedanklich wachrufen und dokumentieren zugleich die individuelle Entwicklung. Dadurch können Sammelobjekte zwischen der Außenwelt und den inneren Bildern, die aufgrund von Erfahrungen entstanden sind, vermitteln. Außerdem haben die Sammelobjekte häufig einen bestimmten ästhetischen Reiz. Sie sind schön, riechen gut oder fühlen sich angenehm an.

Ursache des Sammelns besonders von Naturgegenständen können Neugier und Wissbegier sein. Sammeln beinhaltet auch identitätsstiftende Momente. Die Objekte tragen zur Vergegenwärtigung und Selbstvergewisserung der eigenen Person bei. Denn die Sammlungsstücke wecken Erinnerungen und zeigen eine bestimmte Wirklichkeit. Bei manchen Sammelobjekten steht der Gebrauchswert der Dinge im Vordergrund, etwa bei Taschenmessern oder Computerspielen. Das Reden über die Sammlungen und das Aneignen von Expertenwissen sowie das Tauschen der Stücke auf dem Schulhof verschafft Achtung und soziales Prestige, das zu Selbstdarstellung und Selbstbehauptung beiträgt.

Mit dem Sammeln eng verbunden ist das Ordnen. Gesammelte Materialien und Gegen-

4 | Würdig präsentiert: eine Steinsammlung

5 | In eine Ordnung gebracht: gesammelte Dosenverschlüsse stände werden nicht umgestaltet, sondern in irgendeiner Weise aufbewahrt. Beim Zusammenstellen bilden sich Ordnungen, die allerdings häufig keinen erkennbaren Gesetzmäßigkeiten unterliegen. Das kindliche „Sortierverhalten" gilt u. a. als grundlegende Tätigkeit für die Ausbildung von Intelligenz und Kommunikationsfähigkeit: Aufreihen, Stapeln, Häufen, Schichten, Aneinanderlegen usw. sind Handlungsschemata, die dazu führen, sich Wissen über die Dinge anzueignen und zu klassifizieren. Denn erst der kinästhetische, taktile, akustische und visuelle Umgang mit Gegenständen formt die symbolische Vorstellung des Objekts, die Voraussetzung des Denkens überhaupt ist.

Wenn Mara sammelt, ordnet und sortiert, klärt sie Zusammenhänge. Sie überlegt, wo die Gegenstände herkommen, wo sie hinkommen, welchen Zweck sie erfüllen. Sie klassifiziert nach Farben oder Größen, nach haptischem Empfinden oder danach, ob sie etwas schön oder hässlich findet. Jeder Gegenstand steht für ein Erlebnis, ein Spiel, eine Entdeckung. Und er hat eine bestimmte Funktion. Es ist ein Spiel, diese Funktion zu verändern. Damit wird zugleich ein Stück Wirklichkeit erkundet und das Denken geübt. Denn es gibt möglicherweise über- und untergeordnete Sortierkriterien: Alltagsmüll, Puppenspielsachen, Werkzeug usw. Ähnlich wie beim Puzzlespiel müssen Bezüge hergestellt und Zusammenhänge erkannt werden.

Formen, matschen, sudeln

Elias knetet lieber, als zu zeichnen oder zu malen. Insbesondere das Ausmalen gelingt ihm nicht, und er mag es auch nicht. Seine Vorlieben liegen eindeutig im Bereich des Formens. Soll er das Zeichnen und Ausmalen üben?

Ebenfalls zum Bereich des bildnerischen Gestaltens gehört das Formen. Dieser Begriff bezieht sich auf den Umgang mit formbaren Materialien wie Sand, Erde, Knetmasse, Salzteig, Ton usw. Diese amorphen Materialien lösen im direkten Kontakt in besonderem Maße taktile und kinästhetische Sinnesreize aus. Das Material passt sich der Bewegung der Finger an. Die leichte Formbarkeit lässt spontane Gestaltungen zu und kann dadurch motivierend auch auf gehemmte und scheue Kinder wirken, diese aus der Reserve locken und ihre Aktivität steigern. Sogenannte regressive Verfahren (Matschen, Sudeln, Kritzeln usw.) ermöglichen es, solche Erfahrungen im emotionalen und sinnlichen Bereich zu machen,

1–3 | Formbare Materialien ermöglichen neue Sinneserfahrungen und Ausdrucksmöglichkeiten.

die den Aufbau von höher strukturierten Wahrnehmungs- und Erkenntnisprozessen stützen. Das heißt: Dem Umgang mit formbaren Materialien können regenerative Wirkungen zukommen. Darüber hinaus beinhalten diese bildnerischen Aktivitäten kompensatorische Funktionen, wenn Erfahrungspotenziale geweckt werden, die Grundlage weiterer Denkprozesse sind.

Wenn Elias' Bedürfnis beim haptischen Umgang mit formbarem Material liegt, dann ist es sinnvoll, ihn in diesem Tun zu unterstützen. Nicht nur Knetmasse, auch Materialien wie Sand, Salzteig oder Ton können seine Aktivitäten schulen und sein Selbstbewusstsein stärken. Denn im Gegensatz zum Ausmalen, wo er lästige Kritik erfährt, erhält er beim Kneten Anerkennung und Lob. Zugleich lernt er bei diesen Gestaltungsprozessen die Grundlagen der figürlichen Darstellung oder aber auch eine präzise und detailgenaue Ausdifferenzierung der Oberfläche. Wenn er hierbei Freude erfährt, kann er die Genauigkeit in der Darstellung auch auf das Ausmalen übertragen oder erste Figuren zeichnen. Deshalb sollte er in diesen individuellen Fähigkeiten gefördert werden, die ihm offensichtlich ein Anliegen sind – vielleicht weil ihm haptische Erfahrungen fehlen und weil er diese Sinneserfahrungen für die persönliche Entwicklung benötigt.

Für viele Kinder ist das Matschen und Sudeln von enormer Bedeutung, da häufig aufgrund übertriebener Sauberkeitserziehung grundlegende Erfahrungsdefizite in diesen Gebieten zu verzeichnen sind. Die bildnerischen Gelegenheiten zum Formen sind selten und sollten aktiv genutzt werden – z. B. beim Plätzchenbacken oder Sandburgenbauen. Auch ein einfacher Salzteig (→ **Kasten**), der Kindern zur Verfügung steht, kann zum Formen genutzt werden.

Salzteig

1 Tasse Mehl
1 Tasse Salz
8–10 Esslöffel Wasser

Mehl, Salz und Wasser in einer Schüssel vermengen, bis sich eine feste, gut knetbare Masse bildet.
Nach dem Formen werden die fertigen Teile 30 bis 40 Minuten lang im auf 150° C vorgeheizten Ofen gebacken. Anschließend können die Gegenstände bemalt werden, oder man färbt den Teig zuvor mit Lebensmittelfarben ein.

Bauen, basteln, konstruieren

Jonas und Niko konstruieren stundenlang Türme aus Holz – hingebungsvoll und weltvergessen –, um sie anschließend mit größtem Vergnügen wieder zu zerstören. Ellen und Lisa bauen auch Türme und Häuser, aber um darin zu spielen. Welche Motive stehen dahinter?

Kinder bauen sich Räume mit Decken und Tüchern, Kisten und Brettern, sie hämmern, sägen, raspeln, werken und erfinden Spielfiguren, Fahrzeuge, Maschinen und ähnliche Dinge. Das Bauen von Behausungen ist ebenso wie das Konstruieren von Spielelementen universell in verschiedensten Kulturen verbreitet. Bauen ist eine Tätigkeit, die der Aneignung besonders von Raumempfinden und Raumvorstellungen dient, und zwar durch das Inbesitznehmen von Raum sowie durch das Gestalten von plastischen Gebilden. Räumlichkeit wird durch die eigene Bautätigkeit erlebbar und verfügbar gemacht. Die Entwicklung der Bautätigkeit von Kindern zeichnet sich durch zunehmend differenzierte Funktionalität und Konstruktionsvielfalt, eine formenreiche Bausprache und durch Raumausdehnung aus. Das Ausprobieren ungewohnter Lösungswege und die Antizipation von Lösungsprinzipien fördern dabei das technische Verständnis.

Jonas und Niko probieren aus, wie sich Holzelemente verbinden lassen, wie die Balance zwischen den Elementen auszutarieren ist. Sie experimentieren gemeinsam, loten die Grenzen des Materials aus und bauen aus Neugier und Experimentierfreude. Wenn dieses Interesse befriedigt ist, kann das Objekt kaputt gemacht werden – wobei weiter ausprobiert wird: Wann fällt der Turm, wie sind die statischen Zusammenhänge usw. Bei den Mädchen gibt es ein darüber hinausgehendes Interesse: Sie bauen, um mit dem Bauwerk zu spielen. Es dient ihnen als Behausung und Unterschlupf, in dem man sich verstecken und zusammenkuscheln kann.

Hilfe, mein Kind hat zwei linke Hände! Was tun?

Im Unterschied zum Bauen und Konstruieren, das zumindest teilweise gezieltes und planvolles Handeln impliziert, kann man das Basteln – auch wenn der Begriff oft anders besetzt ist – als eher improvisiertes, spontanes Gestalten mit unterschiedlichen Materialien verstehen. Es unterscheidet sich vom konventionellen plastischen Gestalten dadurch, dass die Beherrschung von technischen Verfahren sowie die sachgerechte Bearbeitung und Verbindung von Werkstoffen nicht notwendige Voraussetzung der Gestaltung sind. Im Umgang mit Alltagsgegenständen, Abfallprodukten und Naturstoffen steht das entdeckende, fantasiereiche ästhetische Tun im Zentrum des Gestaltens. Interessant ist in die-

Materialangebot

Bieten Sie Kisten an, in denen alle Dinge gesammelt werden dürfen, die das Kind sammeln möchte. Das können leere Toilettenpapierrollen sein, Stöcke, Schnüre, Tüten, Schachteln, Bänder, Tücher usw. Stellen Sie ausreichend Tesafilm, Klebebänder, Pappkartons, Scheren, Tacker, Büroklammern, Papiere, Unterlagen usw. zur Verfügung. Es sollte auch eine Werkzeugkiste mit Zange, Hammer, Nägeln usw. geben und eine Kiste für Papiere, Stifte und Farben aller Art.

sem Zusammenhang, dass offenbar gerade das unkonventionelle Basteln die Kreativität und die Fantasietätigkeit in besonderem Maße fördert.

Das leidenschaftliche und kontinuierliche Basteln, das verschiedene Produktionsformen vereint, wurde als biografisches Element – dem Zeichnen und Malen vorrangig – in Künstlerkarrieren festgestellt (vgl. Schulz 1987). Ihm muss also besonderer Stellenwert für die Motivation zur künstlerischen Beschäftigung zukommen. Das heißt, will man das ästhetische Verhalten anregen, müssen die Prozesse des Irgendwie-etwas-kreativ-Machens gefördert werden.

Es ist nicht nötig, dass Kinder adäquat mit Material und Werkzeugen hantieren, dass jedes Stück Holz sorgfältig geschliffen, geleimt und verschraubt werden muss. Im Gegenteil: Warum soll nicht Paketband die Elemente zusammenhalten, Schnur auf Holz getackert werden, Tesafilm den Karton verbinden? Erst wenn das Kind die Notwendigkeit einer zuverlässigen Verbindung erkennt, ist es daran interessiert, z. B. das Schrauben zu lernen. Die feinmotorische Geschicklichkeit wächst mit dem Bedürfnis, etwas herzustellen. Dann werden aus zwei linken auch zwei rechte Hände.

Beim „freien Basteln“ finden Kinder eigene Lösungswege.

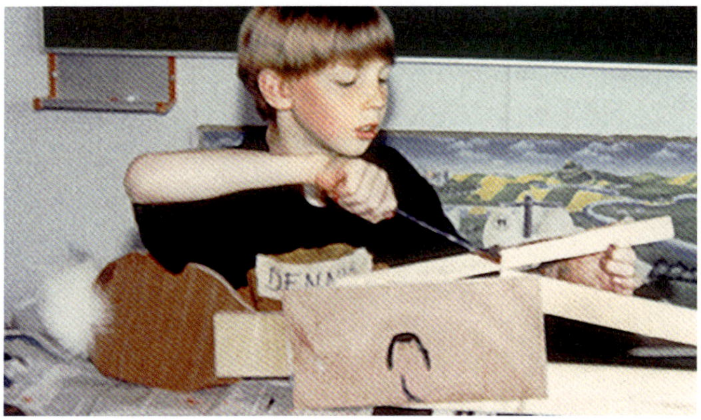

Experimentieren, erforschen, kombinieren

Felix hantiert immer nur mit irgendwelchen Materialien herum, er baut aber nie etwas fertig. Vielmehr macht er oft Dinge dabei kaputt. Braucht er Hilfe?

Kinder möchten ausprobieren, wie Materialien sich verbinden lassen, wie stabil das Holz, die Erde, das Klebeband ist, wie viel Wasser die Farbe verträgt, wann der Bleistift durchbricht oder wie der Computer funktioniert. Sie benötigen diese ästhetischen Erfahrungen, um mit ihrer Umwelt in Kontakt zu treten und diese zu erkunden. Ihre Vorstellungen von Handlungsweisen, Kombinationsmöglichkeiten und ungewöhnlichen Lösungswegen sind dabei noch nicht so festgelegt wie bei Erwachsenen. Stöcke können z. B. ohne Weiteres zu Rennautos werden, Kochlöffel zu Puppen usw. Kinder sind flexibel und experimentierfreudig. Sie erfahren und verarbeiten ihr Lebensumfeld durch das sinnliche Erkunden und gestalterische Strukturieren des Erlebten.

Für Felix ist es offenbar wichtig, seine gegenständliche Umwelt zu erkunden. Vielleicht fehlen ihm diese sinnlichen Erfahrungen, weil er zu wenig Zeit draußen verbringen darf. Das Erforschen von Materialien und Gegenständen, auch wenn sie manchmal dabei kaputtgehen, ist Zeichen von Neugierde. Der Wunsch, Objekte und Materialien in ihren Bestandteilen und Funktionen zu ergründen, zeugt von Wissbegier. Freilich darf dieses Experimentieren nicht zu mutwilligem Zerstören führen. Das Wissen um die sinnlichen Eigenschaften der gegenständlichen Umwelt ist jedoch eine Grundlage ästhetischer Bildungsprozesse und Voraussetzung für gestalterisches Tun.

Warum gestalten Kinder? Was wird dabei gelernt?

Einfallsreichtum, Fantasie und Kreativität sind ebenso wie Intensität und Flexibilität, Vergnügen und Vorstellungsbildung wesentliche Bestandteile ästhetischen Verhaltens. Das lustvolle Gestalten und die hingebungsvolle Versenkung der Kinder, wenn sie spielen, zeigt sich auch im bildnerischen Tun: Kinder vergessen Raum und Zeit, wenn sie Hütten und Burgen bauen, wenn sie im Matsch wühlen oder malen, wenn sie Steine sammeln oder Äste aufhäufen, mit Ton modellieren oder Holzfiguren basteln. Sie entwickeln viele Ideen, etwas herzustellen. Und das Hergestellte zu präsentieren, erfüllt sie mit Stolz und Freude. Etwas hervorzubringen, erzeugt Kompetenzgefühle, Ich-Stärke und Selbstsicherheit.

Das Kind entspannt sich beim Gestalten, es gerät ins Träumen und arbeitet mit Hingabe und Spaß. Dabei werden Konzentrationsfähigkeit und Aufmerksamkeit geübt. Oft ist es mit Begeisterung bei der Sache und ist ausdauernder als gewöhnlich. Das liegt an dem engen Bezug zwischen Innenwelt und Außenwelt, die über die Gestaltgebung und bildnerische Hervorbringung eine Verbindung erhalten. Das Kind gewinnt an Sicherheit mit sich und der Welt, es baut sein Beziehungsnetz aus und gestaltet mit Selbstbewusstsein seine Umwelt.

Kinder entscheiden selbst, welche Formen des Gestaltens für sie von Bedeutung sind.

Sollen wir den Kindern zeigen, was sie gestalten sollen? Oder sollen sie einfach irgendetwas machen?

Kinder verarbeiten ihre Umwelt durch den Gestaltungsprozess. Sie treten mit ihren Ergebnissen mit ihren Mitmenschen in Kontakt oder eignen sich Wirklichkeit an. Das heißt, es ist wichtig, dass Kinder ihre eigenen Themen bestimmen, die aus dem inneren Erleben resultieren. Umgekehrt kann ich auf das Kind eingehen, indem ich seine Interessen und Bedürfnisse wahrnehme und ihm zeige, wie es etwas, das es darstellen will, gestalten und ausdrücken kann. Das bedeutet nicht, dass ich dann vorzeichne, denn so erreiche ich lediglich eine unreflektierte Nachahmung. Es gilt vielmehr, Impulse zu geben, um eine selbstständige Auseinandersetzung anzuregen. Wenn ich z. B. bemerke, dass ein Kind sich mit Lichtveränderungen im Raum befasst, dass es Licht und Schatten beobachtet usw., dann ist es der richtige Zeitpunkt, Schattenfiguren zu bauen und Schattentheater zu spielen.

Jasmin ist häufig unzufrieden mit ihren gestalteten Ergebnissen. Soll ich ihre Kinderzeichnung korrigieren?

Kinder stellen dar, was sie empfinden und was sie wissen – nicht was sie sehen. Erst mit wachsendem Alter entwickelt sich ein Interesse an einer gegenstandsnahen Darstellungsweise. Die wirklichkeitsnahe Abbildung ist kein Qualitätskriterium, nachdem Sie das Bild eines Kindes bewerten sollten. Das fantasievolle und detailreiche, differenzierte Zeichnen, Malen, Formen und Bauen, das auf einem reichen Wahrnehmungs- und Erfahrungshintergrund basiert, sollte vielmehr im Vordergrund stehen. Deshalb ist es wenig sinnvoll, kindliche Gestaltungen zu korrigieren. Stattdessen können Jasmin Anregungen für sinnliches Wahrnehmen, für Materialerfahrungen und genaues Beobachten helfen, das Ausdrucksvermögen zu bereichern. Mut und Selbstvertrauen können gestärkt werden, wenn eine Kinderzeichnung ernst genommen und zum Gesprächsanlass wird. Dadurch lernen Kinder, ihre Arbeiten und auch die der anderen zu schätzen, was wiederum das Selbstbewusstsein fördert. Die individuellen Stärken der Kinder zu erkennen und diese in den Vordergrund zu rücken, ist als eine wesentliche Aufgabe ästhetischer Bildung herauszustellen.

Ich-Stärke und Identität

Im Zeitalter stark unterschiedlicher Lebensentwürfe, gesellschaftlicher Umbrüche und unsicherer familiärer Zusammenhalte wird eine konfliktfreie Integration in soziale und kulturelle Zusammenhänge zunehmend schwieriger. Die Vorstellung einer kontinuierlichen Identitätsentwicklung von Kindern, die irgendwann nach der Pubertät zum Abschluss kommt, wird von der Idee der allmählichen, lebenslang währenden Konstruktion des eigenen Lebens und damit der Person abgelöst. Fernsehen und Kinderbücher bieten neben familiären Rollenmustern zahlreiche Lebensentwürfe, für die man sich entscheiden kann und muss. Um einen stabilen Entwurf für das eigene Leben zu entwickeln, bedarf es nicht nur sicherer sozialer Kontexte, sondern auch der Fähigkeit, sich innerhalb der Vielfalt vor allem medialer Vorbilder zurechtzufinden und sich für gangbare Wege zu entscheiden. Gerade hierbei kann die Kreativität helfen, denn sie bietet die Kraft, sich in unserer heutigen heterogenen Welt zu positionieren. Kreativität ist ein Persönlichkeitsmerkmal, das sich aus vielerlei Aspekten zusammensetzt wie eigenständiges, flexibles Denken, Mut, Humor und Toleranz (vgl. S. 27 f.).

Kann bildnerisches Tun Aggressionen verhindern und der Wirklichkeitsentfremdung vorbeugen?

Die Entfremdung von der Wirklichkeit gilt als eine Ursache unkontrollierter, z. T. tödlicher Verhaltensweisen wie Amokläufen. Der Bezug zum personalen Umfeld ist verloren, und die eigene Person sieht sich von der Welt verlassen, sie hat nichts zu verlieren.

Bildnerisches Tun ermöglicht unmittelbare sinnliche Erfahrungen, die den eigenen Körper spürbar werden lassen. Diese Basiserfahrungen erschließen den Kontakt zur Außenwelt, während sie zugleich die Selbstwahrnehmung schärfen. Mediale Erfahrungen hingegen sind Erfahrungen aus zweiter Hand: Zwar erleben die Kinder alle möglichen Aktivitäten mit, sie selbst sind dabei aber passiv. Sie empfinden zwar Schrecken, Gruseln, Trauer usw. – Ihnen selbst kann dabei jedoch nichts zustoßen. Das Miterleben von Gefühlen findet statt, bleibt aber in passiver Distanz und führt zu keinerlei persönlichen Konsequenzen. Wenn jedoch das Selbst nicht spürbar wird und keine direkte Reaktion stattfindet, erhält die Brücke zwischen dem Innen und dem Außen Risse.

Das Arbeiten mit den Händen und diversen Materialien hingegen führt zu unmittelbaren Konsequenzen – zu Anstrengung, zu angenehmen, sinnlichen Erfahrungen, zu einem Produkt usw. Darüber hinaus weist das Gestalten eine besondere Nähe zur psychischen Verfassung der Person auf, weil unbewusste Inhalte zum Ausdruck kommen können.

Bildnerisches Gestalten trägt zu einer stabilen Persönlichkeit bei. Wenn Kinder die Möglichkeit erhalten, ausreichend sich selbst und andere in Auseinandersetzung mit der Umwelt zu erfahren, wenn genügend Zeit für Experimente, Materialerfahrung, Bewegung und freies Spielen zur Verfügung steht, dann können sie die Welt und sich selbst besser erkennen und verstehen. Der Bezug zur Wirklichkeit muss heute zunehmend positiv emotional gestärkt werden, um beispielsweise dem Verlust von Selbstwertgefühl und dem Versinken in medialen Welten entgegenzuwirken. Zugleich kann das eigentätige Gestalten helfen, die Wahrnehmungen zu strukturieren, Eindrücke zu ordnen und kreativ zu sein, sodass sich Vorstellungskraft und Denkfähigkeit ausbilden. Das bildnerische Tun ermöglicht, eigene Gestaltungs- und Ausdruckswege zu finden sowie Vorstellungen und Erlebnisse zum Ausdruck zu bringen, die sprachlich vielleicht nicht formuliert werden können. Gewaltprävention und Aggressionsabbau sind die „Nebenwirkungen" ästhetischen Tuns. Ich-Stärke entsteht durch die Erfahrung der eigenen Kompetenz, wenn ich etwas herstelle und hervorbringe – beispielsweise beim Malen, Bauen und Basteln, aber auch beim Schreiben, Erzählen, Tanzen oder Musizieren.

1 | Luise (6;8 Jahre)

Mika ist beim Basteln immer sehr schnell fertig. Er zappelt herum und findet keine rechte Freude daran. Wie kann er Ausdauer und Konzentration lernen?

Der Umgang mit unterschiedlichen Materialien beinhaltet verschiedene Erfahrungschancen: Weiche, formbare Materialien sind geeignet, um

Spannungen schnell abzubauen, können jedoch auch chaotisches Entladen mit Kontrollverlusten auslösen. Harte Materialien wie Holz oder Stein hingegen bieten Widerstände, die bei quirligen Kindern der Aggressionsabfuhr dienen, bei eher zurückhaltenden Kindern allerdings auch zur Passivität führen können. Spiel und Aktion befördern integrative Prozesse. Dies ist besonders wichtig, da unsere Kinder zunehmend mit unterschiedlichen Eingangsvoraussetzungen in Kindergärten oder Grundschulen kommen. Die ausgeprägte Heterogenität in den körperlichen, sozialen und/oder kognitiven Lernvoraussetzungen wird nicht nur durch die unterschiedliche kulturelle sowie religiöse Herkunft der Kinder und durch mangelnde Sprachkenntnisse verursacht, sondern auch durch zerrissene Familien, soziale und kulturelle Brüche, die Medialisierung der Kindheit usw.

Sowohl eine einheitliche Grundbildung als auch eine individuelle Förderung der Kinder ist wichtig. Für eine einheitliche Grundbildung ist es notwendig, dass sie ein bestimmtes Repertoire an Sachkompetenzen erlernen. Das benötigt Zeit und eine Vielzahl an Angeboten. Die individuelle Förderung verlangt, dass wir herausfinden müssen, mit welchen Materialien die Kinder am besten gefördert werden können. Welches Kind reagiert wie auf welche Materialangebote?

Am Beispiel von Mika sollte beobachtet werden, mit welchen emotionalen Anteilen und mit welchem Interesse er mit verschiedenen Materialien umgeht und auf welche Weise er sich damit beschäftigt. Entspannen ihn weiche, formbare Gestaltungsmittel? Bevorzugt er widerständige, harte Materialien? Sammelt und sortiert er lieber? Oder hüpft, springt und tanzt er? Lob und Anerkennung helfen ihm, ausdauernd bei der Sache zu bleiben, unterschiedliche Angebote wecken möglicherweise Lust am Ausprobieren.

Eva spricht so gut wie nicht. Sie zeichnet und malt manchmal schweigend vor sich hin, ihre Blätter wirft sie weg. Wie gehe ich darauf ein?

Ein erster Schritt wäre, Evas Zeichnungen aufzubewahren, ihr einen Ordner anzulegen, in dem ihre Zeichnungen gesammelt werden. Damit wird ihren Werken und ihr gegenüber eine Wertschätzung gezeigt. Vielleicht spricht sie mit anderen Kindern über ihre Gestaltungen, oder sie ist in der Lage, nach einiger Zeit selbst in ihren Bildern zu blättern und sie zu verstehen. Denn Eva hat ein Mitteilungsbedürfnis, sonst würde sie nicht zeichnen.

Im bildnerischen Tun zeigen sich keine Differenzen in der Sprache, es zeigen sich weder soziale noch religiöse Unterschiede, und auch das intellektuelle Vermögen spiegelt sich kaum in den gestalteten Ergebnissen. Die Kinder haben die Möglichkeit, ihre Befindlichkeiten, Träume, Wünsche und Ängste bildnerisch zum Ausdruck

2 | Eva (6;7 Jahre)

1 | Linus (5;2 Jahre)

2 | Marlon (3;4 Jahre)

zu bringen und, bei Bedarf, darüber zu reden. Das Bild ist ein universell verständliches Kommunikationsmittel, die Gestaltgebung weitgehend unabhängig von Herkunft und familiärer Prägung.

Die Persönlichkeitskonstruktion wird von einem dynamischen Einpassen sinnlicher Erfahrungen und ästhetischer Wahrnehmungen in das Selbstbild begleitet und im steten Austausch mit dem Innen und dem Außen entwickelt. Dieser Prozess wird – und das ist besonders wichtig – durch die bildhafte Verarbeitung unterstützt. Ruhe, Konzentration und Ausdauer werden nicht geübt, sondern stellen sich mit zunehmender Selbstzufriedenheit ein, wenn ein gelungenes Produkt entsteht. Die Selbstsicherheit wächst, wenn der Dialog mit dem personellen und gegenständlichen Umfeld gelingt und die Brücke zwischen dem Innenleben und der äußeren Welt stabil ist. Beim bildnerischen Tun werden Wirklichkeitsszenarien entworfen, die die Persönlichkeitsbildung fördern. Es eröffnen sich Möglichkeiten zum Anderssein, zum Probehandeln und zur Antizipation von Wirklichkeit auf dem Papier, beim Gestalten im Sand usw. Das bildnerische Gestalten hilft nicht nur bei der Strukturierung von Wirklichkeit, weil Bilder, Symbole und Vorstellungen dabei vertieft und erweitert werden, sondern auch bei der aktiven Konstruktion des Lebens.

Strukturieren, ordnen, verarbeiten

Ida, vier Jahre alt, zeichnet oft so, dass man nichts erkennt – nur Striche und Punkte, die vermeintlich keinen Sinn ergeben. Wie ist dieses Zeichnen zu verstehen?

Das Wahrnehmen ist Grundlage der Vorstellungsbildung. Das Denken in Bildern wird durch die Gestaltungsprozesse gefördert. Ästhetische Bildung beinhaltet nicht nur die Wahrnehmungsförderung der Kinder – also die Schulung der Sinne –, sondern auch die Förderung des bildnerischen Darstellens zur Strukturierung und Ordnung des Wahrgenommenen und Erfahrenen. Kinder verarbeiten ihre Eindrücke vorrangig im Spiel. Darüber hinaus sind das bildnerische Tun und die Sprache elementare Strukturierungsmittel, die das Erlebte in sinnvolle Ordnungen bringen. Denn die Vielzahl der Eindrücke muss selektiert und kanalisiert werden. „Darstellen heißt klarstellen" – diese Aussage zeigt sich in vielen Kinderzeichnungen.

In Linus Bild **(Abb. 1)** wird nicht nur das Wissen über signifikante Merkmale des Menschen dargestellt – Augen, Nasen, Mund, Arme, Hände usw. Das eigene Körperempfinden zeigt sich in der symmetrischen Anordnung. Das Kind klärt seine Vorstellung – wie hängen z. B. die einzelnen Körperteile zusammen? Aber auch Marlon **(Abb. 2)** klärt z. B. eine Wegstrecke von zu Hause in den Kindergarten über viele Straßen hinweg und um Ecken herum. Der Stift fährt den Weg ab. Vielleicht hat es geregnet oder geschneit?

Wenn Ida nur Striche und Punkte zeichnet, dann versucht sie möglicherweise etwas zu verarbeiten oder mitzuteilen, was sie verbal nicht ausdrücken kann. Aber ihre Zeichnung kann Kommunikationsanlass sein, um über diese Dinge zu sprechen.

Warum zeichnen Kinder? Welche Prozesse finden dabei statt?

Erlebnisse werden als innere Bilder gespeichert und verarbeitet. Diese jedoch darzustellen – sprachlich oder bildnerisch –, verlangt eine komplexe Strukturierung und Ordnung.

Eine Vorstellung aufs Papier zu bringen, zu modellieren oder körperlich darzustellen, ist ein vielschichtiger kreativer Akt, der das Verhältnis zur Welt ein Stück weit zu klären vermag. Das Erlebte wird organisiert, strukturiert und symbolisch ausgedrückt. Es wird vom nicht-kommunikablen Inneren nach außen gebracht, bildnerisch geformt und damit kommunikabel. So kann es mit Distanz betrachtet und reflektiert werden. Die sinnliche Wahrnehmung, die Vorstellungsbildung und die Strukturierung des emotional Erlebten sind Grundlage des Denkens und Handelns sowie Voraussetzung des Lernens.

Sebastian mag überhaupt nicht zeichnen. Fehlt ihm dann etwas?

Manche Kinder haben andere Verarbeitungsstrategien als das Zeichnen. Vielleicht hat Sebastian ein besonderes abstrakt-visuelles Vorstellungsvermögen, das keinerlei Umsetzung in eine Zeichnung zur Strukturierung des Erlebten benötigt. Oder er verfügt über außerordentliche sprachliche oder musikalische Symbolisierungsformen.

Melanie
(7;1 Jahre)

Warum werden Kinder durch gestalterisches Tun intelligenter?

Die Verarbeitung und Strukturierung von Eindrücken wird durch das bildnerische Tun verlangsamt und dadurch intensiviert. Darüber hinaus spricht auch die Entwicklungspsychologie für die immense Bedeutung einer kreativen ästhetischen Elementarbildung: Der Kognitionspsychologe Howard Gardner weist immer wieder darauf hin, dass Kinder über zahlreiche Intelligenzen verfügen, die allesamt gleichermaßen zu fördern sind (→ **Kasten**). So spricht er u. a. neben der sprachlichen und der logisch-mathematischen Intelligenz von der Bewegungsintelligenz, der musikalischen Intelligenz, der sozialen, praktischen und wissenschaftlichen Intelligenz (vgl. Laewen/Anders 2002). Natürlich sind diese verschiedenen Fähigkeiten alle auch miteinander verwoben und lassen sich nicht auseinanderdividieren, als Modellvorstellung sind sie jedoch sehr hilfreich – u. a. auch, um die Kinder daraufhin zu beobachten und herauszufinden, wo sie mehr oder weniger Kompetenzen aufweisen.

Gestalten macht intelligent

- **Wissenschaftliche Intelligenz** wird gefördert, wenn Neugierde geweckt, Experimentieren zugelassen, die Wahrnehmung für Details geschärft wird usw.
- **Praktische Intelligenz** entwickelt sich beim Bauen, Basteln, Konstruieren, beim Gebrauch von Werkzeug wie Hammer und Säge, beim systematischen Vorgehen zur Problemlösung, beim Verstehen einer Gesamtkonstruktion usw.
- In der Zusammenarbeit mit anderen wird die **soziale Intelligenz** erweitert. Eigene Interessen sollen dabei erkannt, Gefühle z. B. bildnerisch ausgedrückt und Humor entwickelt werden.
- Melodien, Farbklänge, Stilrichtungen kennen zu lernen, Bilder anzuschauen, Musik zu hören usw. fördert die **bildnerisch-musikalische Intelligenz**.
- Theater spielen oder beidhändiges Zeichnen unterstützt z. B. die **Bewegungsintelligenz**.
- Das räumliche Gestalten fördert die **logisch-mathematische Intelligenz**.
- Das Sprechen über Kunstwerke erweitert die **sprachliche Intelligenz**.

Wie wirken Vorstellung, Fantasie und Kreativität zusammen?

Beim Gestalten spielen nicht nur sinnliche Erfahrungen und bildnerische Ergebnisse eine Rolle, sondern auch kognitive Leistungen. Denn zunächst muss ich mir etwas vorstellen können, um es dann auch gestalterisch zu formen. Woher kommt aber die Vorstellung? Sie setzt sich einerseits aus emotional Erinnertem und Imaginiertem zusammen, andererseits auch aus dem Wissen um die Funktion der Dinge. Hinzu kommt die Fantasietätigkeit, die es erlaubt, sich Objekte anders vorstellen zu können, etwas, das nicht zusammengehört, ungewohnt kombinieren zu können. Versucht man das Zusammenwirken von Fantasie, Kreativität und ästhetischem Tun zu beleuchten, wird deutlich, dass diese Prozesse untrennbar miteinander vernetzt sind.

Felix ist ein Träumer. Jede Aufgabe nutzt er, um in seine Ritterwelten zu flüchten. Steht das Fördern von Fantasie nicht im Widerspruch zum rationalen Denken?

Die Fantasiefähigkeit erlaubt es Kindern, detailreiche Zeichnungen zu entwickeln oder interessante Aufsätze zu schreiben. Das Imaginieren dient dem Probehandeln und der Welterfindung, was unerlässlich für ein aktives Aneignen von Wirklichkeit ist. Träume, Wünsche und Sehnsüchte sind ein Teil des Menschseins, wofür die Fantasie Voraussetzung ist. Nur das einseitige Verharren in der Traumwelt ohne Wirklichkeitsbezug ist problematisch.

Mit Felix ließen sich Spuren aus früheren Zeiten verfolgen: Wo Ritter lebten, welche kulturellen Errungenschaften sie hervorgebracht haben usw. Damit könnte der Bogen zum rationalen Denken geschlagen, Geschichtsbewusstsein entwickelt und eine andere Kultur kennen gelernt werden.

Im Unterschied zur Fantasie, die im Kopf stattfindet, ist die Kreativität der Motor, der tatsächlich etwas hervorbringt – ein gestaltetes Objekt, eine neue chemische Formel, ein Musikstück usw. Die Kreativität wird letztlich an einem erzeugten Produkt gemessen. Deshalb ist Kreativität die Kraft, die über die Fantasie hinaus originell und flexibel Wirklichkeit gestaltet. Nimmt man den Begriff „Kreativität" wörtlich, so ist damit das Potenzial, etwas herzustellen, etwas zu produzieren, gemeint (lat.: *creare* = erzeugen). Während die Kreativität meist mit kognitiven Prozessen in Verbindung gebracht wird (Problemlösungsstrategien, Flexibilität usw.), werden der Fantasie eher Imaginationsfähigkeit oder Intuition zugeschrieben. Darüber hinaus ist die Kreativität nicht nur der Motor, ein Produkt hervorzubringen, sondern auch – zusammen mit der Fantasie – die Kraft, sich aktiv ein Bild von der Welt zu machen, eine eigene Welt zu entwerfen, das Leben selbst zu gestalten.

Mut und Selbstbewusstsein durch Kreativität

Warum können Kinder durch kreatives Tun selbstbewusster werden und mutiger durchs Leben gehen?

Diese Funktion von Kreativität, sich ein Bild von der Welt zu machen, ist besonders vor dem Hintergrund relevant, dass Kinder Konstrukteure ihres eigenen Lebens sind. Denn Kinder lernen selbstgesteuert. Sie entwickeln ihr Leben vor ihrem jeweils individuellen Erfahrungshintergrund. Wir können ihnen Materialien anbieten, wir können locken, belohnen, bestrafen, Impulse geben, motivierende Angebote machen – doch solche Anregungen aufnehmen bzw. tatsächlich etwas lernen muss jedes Kind selbst. Wird das Lernen blockiert – z. B. durch Über- oder Unterforderung, Leistungsdruck oder Stress, Lebensnöte oder Ängste – ist das Kind nicht bereit und auch nicht in der Lage, diese Lernangebote aufzunehmen. Eine kreative Grundhaltung bedeutet jedoch, flexibel und aufnahmebereit auf das Angebotene einzugehen, Mut für Neues zu entwickeln und die eigene Neugierde zu nutzen.

Sind Schreiben und Rechnen nicht wichtiger als Malen und Zeichnen?

Freilich lässt sich diese Frage stellen. Doch es lässt sich leicht erklären, dass die ästhetischen Erfahrungen gewissermaßen die Grundlage weiterer Erkenntnisleistungen sind und damit unabdingbare Voraussetzungen für beispielsweise das Lesen, Schreiben und Rechnen. Die Wahrnehmung, das Erleben und die Erinnerung des Erfahrenen in Bildern sind auf das Engste miteinander verknüpft. Das bildhafte Denken ist die Grundlage kognitiver Prozesse – analog zur Sprache. Erst wenn ein Kind sich vorstellen kann, dass ein Hocker ihm helfen könnte, die Banane vom Tisch zu holen – auch wenn es noch nicht spricht –, ist es zu dieser Handlung, die Banane zu holen, in der Lage. Diese Vorstellungen jedoch entwickeln sich über die sinnlichen Erfahrungen, die als Erinnerungsbilder verankert sind.

Denken in Bildern

Corinna benötigt immer noch die Finger beim Rechnen. Manchmal zeichnet sie Striche, um sich Mengen vorstellen zu können! Ist das normal?

Viele Untersuchungen haben gezeigt, dass sinnliches und experimentelles Handeln das Lernen entscheidend fördert, weil bildhafte Vorstellungen damit entwickelt werden. Der Hirnforscher Ingo Rentschler weist nachdrücklich darauf hin, dass das Denken in Bildern ebenso wie das Bildverstehen häufig vernachlässigte Bildungsbereiche sind, die ebenso bedeutsam für die kognitive Entwicklung sind wie die Sprache. Sinnesdaten müssen mit Inhalten des Gedächtnisses und der Vorstellungskraft verbunden werden, um etwas in Worten auszudrücken. Umgekehrt tragen bildnerische Gestaltungen dazu bei, die Vorstellungskraft zu stärken. Vielerlei gesellschaftlich bedeutsame Entdeckungen wurden aufgrund der Fähigkeit zum visuellen Denken gemacht: Die Idee für die chemische Formel des Benzolrings entstand beim Betrachten des Funkenflugs im Kaminfeuer, und Archimedes entdeckte das Prinzip der Wasserverdrängung, um das spezifische Gewicht herauszufinden, als er in die Badewanne stieg.

Die Anschauung ist die Basis des Denkens. Deshalb ist es für Kinder wichtig, das Denken in Bildern zu entwickeln. Allerdings ist hierfür Eigenaktivität gefordert. Allein die Wahrnehmung visueller Eindrücke hat nichts mit dem Denken in Bildern zu tun. Sich aktiv etwas vorstellen können ist der zentrale Aspekt, der durch das Produzieren von Bildern beim Gestalten Unterstützung erfährt.

Nach dem Entwicklungspsychologen Jean Piaget bildet sich eine Vorstellung von etwas, z. B. einer Tasse, was nicht direkt sichtbar oder wahrnehmbar ist, Ende des ersten Lebensjahres. Das Kind verfügt dann zunehmend über innere Bilder, die es miteinander verbinden kann. Ein rudimentäres Denken beginnt. Diese inneren Vorstellungen basieren auf dem Wirklichkeitserleben und können miteinander kombiniert oder umgebildet werden. So entstehen Fantasien – oder auch Träume. Die Fantasie resultiert aus dem Vorstellungsvermögen und der Erinnerungsfähigkeit, und zwar im Kontext emotionaler Erfahrungsqualitäten wie Geruch, Bewegung, Geschmack, Schmerz, Freude, Berührung, Geräusche, Tonlage einer Stimme usw.

Grundlage des Denkens und Handelns sind die Vorstellungen. Schaut man sich die Gehirndarstellungen (→ **Kasten**, S. 28) an, ist zu sehen, wie sich das Erleben, Denken und Lernen im Hirn physisch niederschlägt. Bei Neugeborenen existiert ein gleichmäßig dichtes Netz von Gehirnstrukturen, die sich zunehmend in bestimmten Bahnen durch die Häufung von Impulsen verbinden. Wenig genutzte Bahnen verkümmern einfach. Mit der Pubertät ist dieser Prozess abgeschlossen, d. h., wir Erwachsenen sind in unserem Wahrnehmen, Denken und Handeln ziemlich unflexibel im Vergleich zu Kindern.

Nach dem Entwicklungspsychologen Jean Piaget bildet sich eine Vorstellung von etwas, was nicht direkt sichtbar oder wahrnehmbar ist, Ende des ersten Lebensjahres. Das bedeutet, das Kind hat beispielsweise eine Vorstellung davon, was eine Tasse ist, auch wenn diese sich nicht in dem direkten Blickfeld befindet. Das Kind verfügt dann zunehmend über innere Bilder, die es miteinander verbinden kann. Ein rudimentäres Denken beginnt. Diese inneren Vorstellungen basieren auf dem Wirklichkeitserleben und können miteinander kombiniert oder umgebildet werden. So entstehen Fantasien – oder auch Träume. Die Fantasie resultiert aus dem Vorstellungsvermögen und der Erinnerungsfähigkeit, und zwar im Kontext emotionaler Erfahrungsqualitäten wie Geruch, Bewegung, Geschmack, Schmerz, Freude, Berührung, Geräusche, Tonlage einer Stimme etc.

Katrin
(6;2 Jahre)

Denken in Bildern

Grundlage des Denkens und Handelns sind die Vorstellungen. Schaut man sich diese Gehirndarstellungen von Katja Thimm an, ist zu sehen, wie sich das Erleben, Denken und Lernen im Hirn physisch niederschlägt. Bei Neugeborenen existiert ein gleichmäßig dichtes Netz von Gehirnstrukturen, die sich zunehmend in bestimmten Bahnen durch die Häufung von Impulsen verbinden. Wenig genutzte Bahnen verkümmern einfach. Mit der Pubertät ist dieser Prozess abgeschlossen, d. h. wir Erwachsene sind in unserem Wahrnehmen, Denken und Handeln ziemlich unflexibel im Vergleich zu Kindern.

Frühe Schule Entwicklung von Synapsen im Gehirn

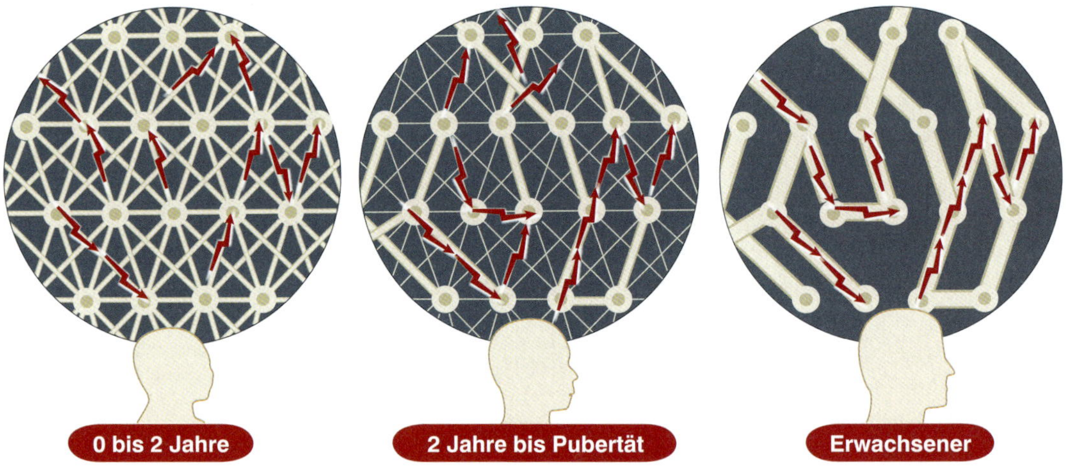

Beim Neugeborenen sind die **Nervenzellen** wie ein **gleichmäßiges Netz** verbunden, das Impulse in alle Richtungen weiterleitet. Bis zum 2. Lebensjahr nimmt die Zahl dieser Verbindungen zu.

Mit dem Prozess des Lernens, der Häufung der Impulse in bestimmte Bahnen, **bilden und verstärken sich Synapsen**. Die weniger genutzten Verbindungen verkümmern. Je vielfältiger die Anregungen, desto komplexere Strukturen bilden sich.

Dem Erwachsenen steht zum Lernen **weitgehend nur das bis dahin gebildete Netz** zur Verfügung.

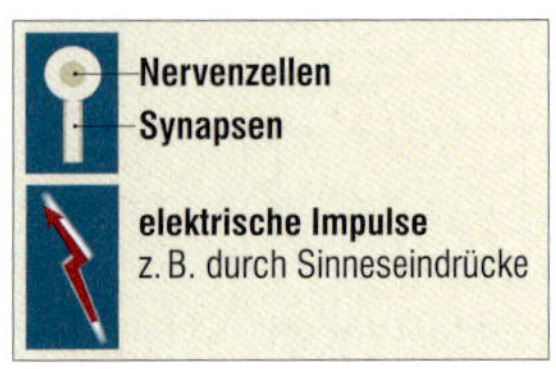

Quelle: Katja Thimm, Jeden Tag ein Universum, in: Spiegel Special 4/2003

Lernen mit Bildern

Kai muss alle neuen Gegenstände anfassen. Er lauscht, wie das Holz klingt, wenn er dagegenschlägt. Wenn er läuft, berührt er dabei alles, was ihm in den Weg kommt. Warum tut er das?

Die Vorstellungen, die wir auch innere Bilder nennen, gründen auf szenischem Erleben mit allen Sinnen, nicht nur auf visueller Wahrnehmung. Diese entwickeln sich im handelnden Umgang mit den Dingen unserer Umwelt. Der Eindruck, der durch das Sehen als inneres Bild entsteht, ist nur ein kleiner Teil der Vorstellung. Hinzu kommen die klassischen Wahrnehmungssinne Riechen, Hören, Schmecken, Tasten und Fühlen. Aber auch die Emotionen, die Gedanken, die Bewegung und der Gleichgewichtssinn bestimmen die Vorstellung im szenischen Erleben. Basis aller Persönlichkeitsentwicklung sind die Wahrnehmung und die Erfahrung, die eine Vorstellung – ein inneres Bild – hervorbringen.

Kai braucht offenbar die haptische Erfahrung und den Klang, um eine Vorstellung von dem Material zu erhalten.

Kinder können sich Unmögliches vorstellen, sie können unkonventionell denken und verrückte Ideen entwickeln. Darin sind sie geübt, denn das spielerische Tun, das Erproben von Rollen und Handlungsmustern ist ihre Hauptbeschäftigung. Sie bereiten sich damit auf das Leben vor.

Je vielfältiger die Anregungen und Impulse für die Kinder sind, desto komplexere Strukturen im Denken entwickeln sich. Zugleich muss den Kindern jedoch Zeit gegeben werden, ihre Erlebnisse zu filtern, zu sortieren, Muster und Symbole zu bilden, damit sie nicht in der Flut sinnloser Daten untergehen. Das bedeutet konkret: Sie brauchen die Möglichkeit, ihre Welt zu erkunden, zu experimentieren, sinnliche Erfahrungen zu machen usw. und zugleich sehr viel Zeit, diese Erlebnisse angemessen im Spiel, im Erzählen, im bildnerischen Gestalten u. Ä. zu verarbeiten. Gerade Zeichnen, Malen, Bauen, Basteln, plastisches Gestalten usw. tragen in hohem Maße zur Integration und Ordnung des Erfahrenen bei, weil der Verarbeitungs- und Formfindungsprozess verlangsamt und intensiviert vonstatten geht. Nicht nur vielerlei Sinneserfahrungen und Anregungen sind für die Ausbildung der Hirnstrukturen nötig, sondern vor allem auch eine gezielte Verarbeitung des Erlebten.

Mit dem Gestaltungsprozess und dem Hervorbringen von etwas verbinden sich Stolz und Befriedigung, etwas geschaffen zu haben. Damit können Kinder ihre Persönlichkeitsentwicklung stärken. Sie können probehandeln, indem Dinge gezeichnet werden, die eigentlich verboten sind, oder Rollen ausgestalten, die sie nicht wagen würden, zu sein. Oder sie können ihren Wünschen nachgehen, Prinzessin oder Zirkusdirektor zu spielen.

Merle
(7;8 Jahre)

Kreative Fähigkeiten

Die kreative Person zeichnet sich durch folgende Merkmale aus (nach Seitz 1998):

Sensibilität: Sensibilität zeigt sich in der Beobachtung von Umwelt, von Naturereignissen, etwa wie Licht sich verändert, Pflanzen Färbungen annehmen oder Aufmerksamkeit für die Reaktionen von Mitmenschen. Wahrnehmungssensibilität ist die Bereitschaft, aufgeschlossen wahrzunehmen und neugierig zu sein. Soziale Sensibilität widmet sich den Personen, die Problemlösungssensibilität dem gegenständlichen Umfeld.

Assoziationsfähigkeit: Assoziationen entstehen, wenn eine Vorstellung ein anderes inneres Bild hervorruft. Diese Vorstellungsketten entstehen durch Wortimpulse, Klänge, Bilder, Gerüche usw. Es bedarf der Fantasiefähigkeit, Assoziationen hervorzurufen.

Originalität: Originalität ist, auf Gedanken, Ideen und Gestaltungen zu kommen, die ungewöhnlicher sind als die anderer. Das bedeutet, sich selbst und den eigenen Ideen zu vertrauen und sich selbst zu akzeptieren bzw. an die eigene Einmaligkeit zu glauben.

Sich eine Sache anders vorstellen können: Kinder stellen sich häufig etwas anders vor: ein Stück Holz als Schlange, ein Stein als Auto usw. Erwachsene sind nicht so flexibel in ihrem Denken. Es gehört Mut dazu, gewohnte Sichtweisen zu verändern und sich die Welt neu vorzustellen.

Spontaneität: Auch hier sind Kinder oft Erwachsenen überlegen. Sie tun unkompliziert und ohne nachzudenken das, wonach ihnen der Sinn steht. Sie folgen plötzlichen Eingebungen und sind ganz sie selbst.

Mut, das Bedürfnis, sich zu äußern: Intensität und Leidenschaft sind oftmals der Motor für kreatives Tun. Das daraus resultierende Ergebnis wird mit Mut präsentiert, obgleich es vielleicht unkonventionell ist. Das Bedürfnis, ein Produkt mitzuteilen und zu zeigen, gehört zum kreativen Verhalten dazu.

Fähigkeit zur Analyse und Synthese: Das Urteilsvermögen, ob eine Idee oder ein Entwurf gut oder schlecht ist, gehört ebenso unabdingbar zu den Merkmalen einer kreativen Person wie die systematische Analyse eines Problemfeldes, um mögliche Lösungen zu finden.

Eine Sache zu Ende führen können: Durchhaltevermögen und Anstrengungsbereitschaft sind die Voraussetzung, um kreative Lösungen konsequent zu verfolgen. Selbstvergessenheit und Hingabe sind meist Begleiterscheinungen des kreativen Prozesses, zugleich sind darüber hinaus Hartnäckigkeit und Disziplin erforderlich.

Konflikttoleranz: Ungewohntes und Widerständiges zu erproben, bedeutet oftmals, Konflikte aushalten zu müssen. Konflikttoleranz heißt, mit Konflikten umgehen zu können und sie auszuhalten.

Humor: Heiterkeit und Konzentration, Witz und Gelassenheit spiegeln sich im kreativen Verhalten, wenn Fehler mit Humor hingenommen werden und Lachen von Spannungen befreit.

1–2 | Maik
(5;4 Jahre)

Weshalb ist ein geschnitzter Apfel eine kreative Leistung?

Der fünfjährige Maik hat aus einem Apfel einen Plattenspieler gebaut **(Abb. 1 u. 2)**. Das ist eine ausgesprochen kreative Leistung. Rudolf Seitz, der vielerlei Publikationen zur ästhetischen Elementarbildung und Kreativitätsschulung veröffentlicht hat, beschreibt, was eine kreative Person ausmacht **(→ Kasten)**. Sie braucht Sensibilität und Assoziationsfähigkeit – muss also aufnahmefähig und flexibel sein. Der Junge muss demnach zum runden Apfel einen runden Plattenspieler assoziieren können. Originalität heißt, neue Ideen zu entwickeln, aber auch Material oder Werkzeuge unkonventionell einzusetzen. Das Kind muss auf die Idee kommen, einen Plattenspieler herzustellen. Sich eine Sache anders vorstellen können trägt dazu bei, originelle Lösungen zu finden. Die kreative Leistung liegt also auch darin, dass sich der Junge vorstellen kann, wie aus dem Apfel ein Plattenspieler werden kann: Nicht nur der Deckel muss befestigt werden, sondern er stellt sich zudem den Stiel als Plattennadel vor! Spontaneität und Mut, sich zu äußern, zielen auf ein gesundes Selbstvertrauen, die Fähigkeit zur Analyse und Synthese auf logisches Denken. Es braucht Mut und Selbstvertrauen, um unkonventionelle Dinge zu denken und zu tun. Und man muss gute von schlechten Ideen unterscheiden können, also die Fähigkeit zur Analyse und Synthese besitzen. Wichtig ist auch, eine Sache zu Ende führen zu können, das heißt über Durchhaltevermögen und Anstrengungsbereitschaft zu verfügen. In unserem Beispiel muss der Junge den Apfel fertig schnitzen und sich Konstruktionen für den Deckel überlegen. Konflikttoleranz und Humor sind gefordert, wenn mal etwas schiefgeht, eine Idee sich als unglücklich erweist usw.

Wieso sind Kinder kreativ, sie bringen doch gar keine besonderen Leistungen hervor?

Selbstverständlich muss unterschieden werden, dass für Kinder das subjektiv Entwickelte, für das

Lena (6;9 Jahre)

Kind Neue als kreativ gilt, während in der Kreativitätsforschung solche Entwicklungen als kreativ zählen, die von übergeordneter gesellschaftlicher und wissenschaftlicher Bedeutung sind. Dennoch werden in der Kreativitätsforschung für eine kreative Person ganz ähnliche Merkmale genannt. Subjektive Kreativität bedeutet also, auf das jeweilige Individuum bezogene kreative Problemlösungen zu entwickeln. Um die Förderung dieses kreativen Vermögens bemüht sich besonders die Pädagogik. Objektive Kreativität zeigt sich in jenen Errungenschaften, die herausragend und genial die kulturelle Entwicklung und den technischen Fortschritt geprägt haben (z. B. Werke von Leonardo da Vinci, Mozart und Einstein). Statt von subjektiver und objektiver Kreativität kann man auch von individueller und kultureller Kreativität sprechen.

Merkmale einer kreativen Person

Woran erkenne ich die Kreativität eines Kindes?

Die vorgestellten Merkmale (→ **Kasten**) sind seit den 50er-Jahren von verschiedenen Kreativitätsforschern immer wieder bestätigt worden. Sie sind zwar auf solche Personen ausgerichtet, die besondere technische, künstlerische, musikalische oder naturwissenschaftliche Leistungen hervorgebracht haben, lassen sich aber auch auf Kinder übertragen.

Vielerlei Kreativitätstechniken richten sich auf die Beweglichkeit im Denken – z. B. das bekannte Brainstorming, um Ideen zu entwickeln. Doch das intensive Durchdenken und Abwägen, konzentriertes Erarbeiten und systematisches Ausprobieren gehören ebenfalls zu kreativem Verhalten – die Elaborationsfähigkeit, sagen Kreativitätsforscher. Und speziell hierfür muss den Kindern vor allem ausreichend Zeit zur Verfügung gestellt werden. Zeit ist ein wesentlicher Faktor für die Entwicklung von Kindern. Werden sie von einem Termin zum nächsten gedrängt – zwischen Turnverein, Englischunterricht und musikalischer Früherziehung – oder sitzen sie mittags vor dem Fernseher, fehlt Zeit, um mit Neugierde die Welt zu erkunden, eigene Entdeckungen zu machen und individuellen Interessen zu folgen, die Voraussetzung für Kreativität und ästhetische Bildung sind.

Kreative Kompetenzen

Sensitivität bedeutet im bildnerischen Bereich, Empathie für das Dargestellte zu haben, für Farbe, Form, Komposition z. B. bei der Betrachtung von Kunstwerken und intuitives Erkennen einer Situation.
→ *Mads erkennt bei der Kunstbetrachtung meist sofort die Farbwirkung und die dadurch erzeugte Stimmung im Bild!*

Fluktualität als Einfalls- und Denkflüssigkeit meint die quantitative Wertschätzung einer Vielzahl von Einfällen.
→ *Maurice sprudelt immer vor Ideen!*

Flexibilität als qualitativer Aspekt des Ideenreichtums zielt auf die Unterschiedlichkeit der Ideen.
→ *Judita findet immer neue Vorschläge, was wir mit unseren Materialien alles machen können!*

Originalität folgt der Beurteilung unkonventioneller Ideen oder Werkzeugnutzung in Bezug auf innovative Lösungen und neue Ideen.
→ *Samuel fällt durch außergewöhnliche Gestaltungsideen auf. Wie er malt niemand!*

Komplexitätspräferenz bedeutet, die Vielschichtigkeit einer Sache/eines Sachgebiets/einer Entwicklung zu erkennen und zu durchdringen.
→ *Nicki will immer alles ganz genau wissen und fragt immer weiter!*

Elaboration kennzeichnet die Unterscheidung guter, schlechter Ideen, bewertet das Einbinden, Klassifizieren und Einordnen von Kenntnissen.
→ *Konstantin arbeitet hoch konzentriert und ausdauernd an einer Sache. Er will gar nicht zum Ende kommen!*

Ambiguitätstoleranz wird geprägt von Neugier, Interesse, Überraschung sowie Humor und beinhaltet das Aushalten von Differenzen, wie z. B. von verschiedenen Wahrheiten usw.
→ *Lejla ist es egal, was die anderen über ihre Bilder denken, auch wenn sie alles immerzu in Rottönen malt!*

Vgl. hierzu: Wagner in: Berka, Walter/ Brix, Emil/ Smekal, Christian: Woher kommt das Neue? Kreativität in Wissenschaft und Kunst. Wien 2003, S. 59

Luis formt ganz unterschiedliche Objekte aus plastischer Masse und Draht: ein Tier, einen Würfel, Schmuck usw.* (Abb.1)*, Rico dagegen zwei Schalen und einen Löffel* (Abb. 2)*. Wer ist kreativer?

Die Kinder haben in diesem Beispiel die Möglichkeit, mit plastischer Masse und Draht Objekte herzustellen. Dabei lässt sich beobachten, ob ein Kind viele unterschiedliche Ideen entwickelt – Würfel, Tiere, Schmuck usw. oder lediglich an eine Schale mit Schöpflöffel denkt. Luis Gestaltungen zeugen von einer hohen Fluktualität als Einfalls- und Denkflüssigkeit. Sie ergibt sich aus der Anzahl von Einfällen, die Flexibilität aus der Unterschiedlichkeit der Ideen. Originell ist, wenn ein Kind Einfälle entwickelt, die ungewöhnlich sind – wie z. B. das Herstellen einer Insel mit diversen Oberflächenstrukturen und Aufbauten

links:
3 | Fiona
(7;8 Jahre)

1 | Luis
(7;2 Jahre)

unten:
2 | Rico
(7;9 Jahre)

(**Abb. 3**). Das Gebilde gleicht mehr einem Spielfeld als einem plastischen Objekt. Oder es werden ungewöhnliche Lösungen für eine Montage und den Materialgebrauch gefunden.

Das detailreiche Ausarbeiten, die Konzentration und Sorgfalt bei der Fertigstellung eines plastischen Ergebnisses, wie sie Ricos Tätigkeit wiederspiegeln, zeugen von hoher Elaborationsfähigkeit. Wenn ein Kind inhaltlich eine Sache durchdringt, Mut findet, eigene Ideen komplex umzusetzen und auch entscheiden kann, welche Motive besonders für ein bestimmtes Material geeignet sind, dann spricht dies für Komplexitätspräferenz und Sensitivität. Witz und das Ausprobieren von Neuem zeigen die Ambiguitätstoleranz.

Luis und Rico sind also beide kreativ, wobei unterschiedliche kreative Merkmale ausgeprägt sind.

Kreativität fördern

Sabina hat immer viele Ideen, bringt aber keine Gestaltung zum Ende. Rico arbeitet selbstvergessen und unendlich langsam an seinen Schalen (s. S. 34)***, etwas anderes fällt ihm nicht ein. Wie können beide gefördert werden?***

Betrachtet man die genannten kreativen Fähigkeiten und die Ergebnisse der Kinder, wird offensichtlich, dass deutliche Unterschiede innerhalb der verschiedenen kreativen Merkmale zu verzeichnen sind: Ein Kind verfügt über zahlreiche Ideen, ein anderes über Ausdauer in der Ausgestaltung, ein drittes Kind sprüht vor Assoziationskraft, bringt aber kein Produkt zustande usw. Das heißt, im Grunde gibt es nur eine wirkliche Chance der Kreativitätsförderung, nämlich das Erkennen von Stärken und Schwächen in jenen aufgezeigten Bereichen, die Merkmale oder auch Voraussetzungen für Kreativität sind. Durch genaues Beobachten und Reflektieren können die individuellen Fähigkeiten der Kinder festgestellt und entsprechend gestärkt werden.

Bei Sabina sind beispielsweise mit zahlreichen kleinen Arbeiten und unterschiedlichen Ideen die Ideenflüssigkeit und die Ideenflexibilität gut vorhanden, die Elaboration ist weniger ausgeprägt. Rico hat jedoch nur zwei relativ konventionelle Motive entwickelt, diese aber detailreich ausgearbeitet. Will man nun das Mädchen und den Jungen in ihrem kreativen Vermögen gezielt fördern, müsste das Mädchen Aufgaben erhalten, die den Bereich der Elaborationsfähigkeit schulen, der Junge hingegen solche Übungen, die seine Flüssigkeit und Flexibilität im Denken und bildnerischen Tun anregen.

Genaue Beobachtung

- Was machen Kinder am liebsten (zeichnen, bauen, lesen ...)?
- Mit welchem Zeitaufwand?
- Wo liegt das stärkste inhaltliche Interesse?
- Welche Materialbeschaffenheiten werden wahrgenommen?
- Welche Lichtverhältnisse werden beobachtet?
- Gibt es Lieblingsfarben?
- Wird Begeisterung gezeigt, das Staunen genossen?
- Können die Kinder ihre eigenen Ausdrucksmöglichkeiten einschätzen und wertschätzen?
- Erkennen sie die vorhandenen Möglichkeiten zum Gestalten?
- Wobei sind sie ausdauernd, konzentriert?
- Haben sie genug Selbstvertrauen, um ihre Ergebnisse zu zeigen?
- Sind sich die Kinder ihrer Gefühle dabei bewusst?
- Entwickeln sie eine Vielzahl von Ideen, die sie umsetzen wollen?
- Haben sie Mut, anders als die anderen zu denken und zu handeln?

Nur wenn ich weiß, wo die Stärken und Defizite der Kinder sind, kann ich entsprechend üben und Aufgaben stellen, die in dem einen oder anderen Bereich fördern. Kreativitätsförderung bedarf der Achtsamkeit auf das Tun der Kinder – und der Aufmerksamkeit für das eigene Tun, um die kreativen Fähigkeiten der Kinder sowie die eigene Kreativität zu erkennen.

Interaktion als Chance

Paul und Moritz gestalten gern zusammen. Wird die individuelle Kreativität dadurch eingeschränkt?

Paul ist schüchtern und zurückhaltend, hat aber oftmals kluge und interessante Ideen. Wenn er mit Moritz zusammenarbeitet, sind die beiden ein gutes Team, weil Moritz Pauls Ideen aufgreift und mit großer Energie verwirklicht.

In der Zusammenarbeit von mehreren Kindern sind die Eigenaktivität und die Kompetenz jeder einzelnen Person herausgefordert. Besondere individuelle Fertigkeiten, Interessen und Begabungen werden als Bereicherung in die kooperativ abzustimmenden Arbeitsprozesse miteinbezogen. Der Gedanke einer sich gegenseitig befruchtenden Arbeitsatmosphäre wird aus der Perspektive der Kreativitätsforschung gestützt: Der Pädagoge und Kreativitätsforscher Olaf-Axel Burow (1999) nennt als Kern für das Entstehen kreativer Leistungen das kreative Feld, das sich durch den Zusammenschluss von Personen mit stark unterschiedlich ausgeprägten Fähigkeiten auszeichne, die eine gemeinsame Vision verbinde und die ihr kreatives Potenzial wechselseitig hervorlocken, erweitern und entfalten.

Wenn Kinder sich ihren Interessen gemäß zusammenfinden, Ideen vergleichen und ihr unterschiedliches Können miteinander verknüpfen, kommen sie auf neue Ideen und Gestaltungsvorhaben.

Kreative Leistungen sind viel stärker als bisher angenommen von Interaktion, kreativem Feld und Umwelt abhängig. Es geht also nicht nur um die kreativen Leistungsfähigkeiten eines einzelnen Individuums, sondern auch um die Möglichkeiten, Kreativität gemeinsam zu

Kreative Fähigkeiten fördern

Die folgenden Übungen beziehen sich auf die unterschiedlichen Fähigkeiten, die kreatives Handeln bedingen (s. S. 30). Sie können auf Grundlage einer genauen Beobachtung (s. **Kasten**, S. 36) nach Bedarf eingesetzt bzw. abgewandelt werden.

1. Sensibilität

- Überlegungen zu ausgeschnittenen Gesichtern aus Illustrierten, Fotos, Kalenderbildern, Büchern: Was steckt hinter diesem Gesicht, welche Laune hat der Mensch?/oder: Was drückt diese Hand aus, was meint die Geste dieser Hände? (Seitz, S. 49)
- Sich auf jemanden einstellen: Wir malen zu zweit ein Bild – abwechselnd, immer warten, bis die/der andere fertig ist. (Seitz, S. 50)
- Wahrnehmung: Gegenstand genau anschauen, wegnehmen, zeichnen und beschreiben (Seitz, S. 54)

2. Flexibilität

- Zwei Kinder bekommen einen DIN-A3-Papierbogen und sollen ein differenziertes dreidimensionales Gebilde bauen – ohne zu sprechen und ohne zu deuten! Das Material soll ganz verbraucht werden. Es kann gerissen, geschnitten, gefaltet und geklebt werden. In einem anschließenden Gespräch werden folgende Fragen geklärt: Ab wann arbeitete man an einer gemeinsamen Idee? Wurde ein Kind vereinnahmt? Hatte jeder seine Chance? Wie fühlst du dich? (Seitz, S. 60)

3. Assoziationsfähigkeit

- Impulspapiere: Flecken, Punkte, Linien sollen zum Weiterspinnen mit Pinsel oder Stift anregen.
- Das Ende einer Geschichte vorgeben. Anfang erfinden. (Seitz, S. 65)

4. Originalität

- Rollenspiele: z. B. ein Interview, Besuch in einer Bar, Fahrt im Zugabteil, usw. (Seitz, S. 82)
- Mit dem Körper sprechen: z. B. Dinge pantomimisch tragen – eine Gießkanne, eine Glasscheibe, eine Kiste, einen jungen Vogel, ein Kind, usw. (Seitz, S. 81)

5. Sich eine Sache anders vorstellen können

- „Was kann man aus einer Zeitung (oder anderen Gegenständen) alles machen?" – Vorschläge sammeln und ausführen
- Was-wäre-wenn-Geschichten schreiben: z. B. „… wenn wir wie die Vögel fliegen könnten?" (Seitz, S. 86)

6. Spontaneität

- Eine Rede halten zu einem vorgegebenen Thema (evtl. Stichworte durch Zuruf)
- Modenschau: Vorbereitung fünf Minuten! (Seitz, S. 94)

7. Mut und Bedürfnis, sich zu äußern

- Stegreifspiele, Scharaden oder Pantomimen zu Redewendungen entwickeln: z. B. „Vier Augen sehen mehr als zwei" oder „Jemandem auf der Nase herumtanzen" (Seitz, S. 97)

8. Fähigkeit zu Analyse und Synthese

- Feststellen von Ähnlichkeiten: „Was haben folgende Dinge gemeinsam?": Flasche und Eimer/Büroklammer und Fahrrad/usw.
- Planungen: Klassenausflug (Seitz, S. 100)

Quelle: Rudolf Seitz, Phantasie & Kreativität © Don Bosco Verlag München

Gemeinschafts-
arbeit
(2. Schuljahr)

entwickeln: Es soll gelernt werden, die individuellen Potenziale zu entdecken und mit anderen Kindern zusammenzuführen. Dabei besteht die Möglichkeit, über die eigenen Grenzen hinauszugehen. Gerade das gestalterische Tun bietet die Möglichkeit zum Probehandeln über die eigenen Grenzen hinaus. Außerdem bindet der intensive Gestaltungsprozess die volle Aufmerksamkeit der Kinder, sodass Selbstvergessenheit und Konzentration die Folge sind.

Es gibt vielerlei kreative Gruppen, die sich gegenseitig beflügeln, denken wir nur an die Beatles oder die Erfindung der Zentralperspektive in Florenz. Auch Kinder geraten in eine besondere kreative Dynamik, wenn sie gemeinsam etwas herstellen. Dabei spielen die Anerkennung und Wertschätzung individueller Fähigkeiten eine große Rolle, z. B. wenn ein Kind besonders gut zeichnet, den Computer bedienen kann oder den Umgang mit der Säge beherrscht.

Wenn die individuellen Fähigkeiten in der Gruppe reflektiert werden, können sich Interessensgemeinschaften finden. Außerdem wird die Kooperationsfähigkeit geschult. Die Kinder gewöhnen sich daran, in Gruppen zu arbeiten. Sie diskutieren Entwürfe, Materialqualitäten, Verbindungstechniken, Bearbeitungsverfahren usw. Dabei werden Gestaltungstechniken und ein Repertoire an bildnerischen Mitteln kennen gelernt. Es lassen sich Sammlungen und Dokumentationen anlegen, Experimente durchführen und Risiken abschätzen.

Wozu brauchen Kinder ästhetische Bildung?

Fasst man die neueren psychologischen und neurophysiologischen Erkenntnisse zusammen, wird klar, dass die ästhetische Bildung die Persönlichkeitsentwicklung in besonderem Maße befördert – weit mehr als andere Bildungsformen. Persönlichkeitsentwicklung beruht auf der Schulung von Wahrnehmung und Selbstreflexion, auf der Strukturierung und Durchdringung von Erfahrungen und Erkenntnissen.

Die Potenziale ästhetischer Bildung liegen dabei besonders im Bereich der Persönlichkeitsentwicklung: Wahrnehmung wird differenziert. Vorstellungsbildung, Raumempfinden, Ideenreichtum, Fantasietätigkeit, Kreativität, Aufmerksamkeit und Konzentration werden entwickelt. Durch die Beschäftigung mit diversen Materialien werden Bedeutungsfelder eröffnet und Handlungen angeregt. Ästhetische Erfahrungen – also die Produktion und Rezeption ästhetisch gestalteter Objekte (Bildende Kunst, Musik, Poesie usw.) – sind die Grundlage einer selbstgesteuerten Aneignung von Welt mit allen Sinnen. Diese sinnliche Welterkenntnis besitzt eine besondere Nähe zur innerpsychischen Verfasstheit und Entwicklung der Person, worauf die Ich-Entwicklung beruht.

Mit der ästhetischen Bildung werden nicht nur individuelle Persönlichkeitskompetenzen gefördert, sondern auch soziale Kompetenzen und Sachkompetenzen (→ **Kasten**).

Förderung von Kompetenzen

Persönlichkeitskompetenzen zielen auf Ich-Stärke und Selbstvertrauen. Sich ausdrücken und mitteilen können beinhaltet, sich der eigenen Ausdrucksmöglichkeiten bewusst zu sein. Ein weiteres Ziel ist, die eigenen Empfindungen gegenüber der Natur und der Umwelt zu reflektieren, das heißt beispielsweise einen Regenbogen genießen zu können oder die eigenen gestalterischen Werke sowie die der anderen schätzen zu können. Die Aufmerksamkeit und das Staunen über Naturphänomene und besondere Hervorbringungen sind ein Teil davon. Selbstbewusstsein ist auch eine Voraussetzung, um unkonventionell, neu und flexibel denken und handeln zu können.

Soziale Kompetenzen beziehen sich z. B. auf die Kooperationsfähigkeit und Toleranz beim gemeinsamen Gestalten. Die Anerkennung der bildnerischen Leistungen anderer Kinder gehört dabei ebenso dazu wie das Sprechen über die gestalterischen Prozesse mit anderen Kindern: Was gefällt mir und weshalb? Was gefällt den anderen? Ästhetische Urteile können nur im Dialog und mit vielerlei Begründungen entwickelt werden.

Sachkompetenzen resultieren aus dem Kennen und Nutzen verschiedener Techniken und Materialien, wie beispielsweise dem Zeichnen und Malen mit Kreiden, Farben, Buntstiften, dem Erkennen von Materialbeschaffenheiten und ihrer Funktion für das Gestalten, dem Umgang mit Schere und Papier, Zange und Draht, dem Sammeln von Erfahrungen im Umgang mit Holz, dem Sammeln von Fundstücken, von Dokumentationsmaterial usw. Je breiter das Repertoire an Gestaltungsverfahren eines Kindes ist, desto mehr Ausdrucksmöglichkeiten stehen ihm zur Verfügung.

Entwicklung der Bildsprache in der Kinderzeichnung

- Wie zeichnen Kinder? Welche Stilmittel nutzt die Kinderzeichnung?
- Was zeichnen Kinder? Welche Inhalte sind für Kinder relevant?
- Wie gehen Kinder und Erwachsene mit Kinderzeichnungen im Alltag um?

Hala
Ichbinder Papa
Ichbindie Mama
Ich Heiße Maja
Ich Heiße Nadia

Entwicklung der Bildsprache in der Kinderzeichnung

Lehrer, Kinderärzte, Kindergärtnerinnen und Psychologen nutzen die Zeichnungen z. B. bei Schuleingangstests, um etwas über die kognitiven Fähigkeiten und den Entwicklungsstand von Kindern zu erfahren. Das heißt, Kinderzeichnungen können Orientierungshilfe für das Einschätzen von Entwicklungsphasen oder Krankheitsbildern sein. Grund hierfür ist die Tatsache, dass eine weitgehend altersgebundene Bildsprache existiert, die kontinuierlich und kulturunabhängig von allen Kindern gleichermaßen entwickelt wird. So interessant und hilfreich solche Entwicklungsreihen auch sind, dürfen sie jedoch nicht als starres Raster aufgefasst werden: Denn die lebensgeschichtlich bedingten und die individuellen Unterschiede sind zum Großteil erheblich. Zeichnen ist dabei nicht für alle Kinder von Bedeutung, manche Kinder bevorzugen andere Ausdrucksweisen. Es bedarf mehrerer Zeichnungen und eines breiten Wissens über familiäre, soziale und persönliche Hintergründe, um anhand der kindlichen Bildsprache Rückschlüsse auf geistige Fähigkeiten oder irgendwelche Defizite zu ziehen. Eingebunden in eine Reihe von Testverfahren und Untersuchungen können Kinderzeichnungen allerdings oft aussagekräftiger sein als manches Gespräch.

Wie und was zeichnen Kinder?

Kinder zeichnen seit jeher ihre nächste Umgebung: Personen, die ihnen nahestehen, das eigene Haus, den Garten, die Tiere, Fahrzeuge usw. Mit der kontinuierlichen Erweiterung des Lebensumfelds erweitern sich auch die dargestellten Themengebiete. Spätestens im Grundschulalter zeigt sich dabei, dass sich mit dem steten Wandel unserer Umwelt auch die Inhalte der heutigen Kinderzeichnungen verändern: Nicht nur die Medien prägen die bildhaften Darstellungen, auch verschiedene gesellschaftliche Bedingungen führen zu neuen Lebensentwürfen, die in den Zeichnungen widergespiegelt werden. Versteht man die Kinderzeichnung als Aneignung, Verarbeitung und Darstellung von Lebensgeschehen, zeigt sich, dass die Zeichnungen von Kindern und Jugendlichen einem ständigen kulturellen Wandel unterliegen.

Auch wenn die Aufmerksamkeit gegenüber der Kinderzeichnung in der zweiten Hälfte des 20. Jh.s geringer geworden ist, hat die Kinderzeichnung keineswegs an Aktualität verloren. Denn: Was Kinder und Jugendliche bewegt, zeigt sich in der Fantasie, im Traum, im Spiel sowie in ihren bildnerischen Ausdrucksformen.

Die bildnerische Tätigkeit ist grundsätzlich für Kinder von zentraler Bedeutung, weil sie hilft, sich mit der Umwelt und dem Alltagsgeschehen, den eigenen Gefühlen, den Wünschen und Ängsten auseinanderzusetzen. Denn dem bildnerischen Ausdruck geht eine Strukturierung und Ordnung des emotional geprägten Eindrucks voran. Darüber hinaus können Inhalte mitgeteilt werden, die manchmal sprachlich nicht kommunizierbar sind, weil Sprache immer konventio-

Kurze Geschichte zur Entdeckung der Kinderzeichnung

Als markanter Beginn des Interesses an der sogenannten freien Kinderzeichnung wird immer wieder Corrado Riccis kunsthistorisch geschulte Aufmerksamkeit für die kindlichen Graffiti an den Bogengängen von Bologna genannt, die er 1866 zunächst ironisch zum Kunstwerk erklärt und sie dann zum Anlass nimmt, sich mit den Entwicklungslinien bildnerischer Äußerungen zu beschäftigen. Kurz darauf, 1895, legt James Sully im Rahmen seines Lehrwerks zur Kinderpsychologie Entwicklungsprozesse kindlicher Zeichensprache vor. Zu diesem Zeitpunkt belegen auch erste Ausstellungen von „Kinderkunst" die beginnende Wertschätzung der „freien Kinderzeichnung", u. a. die von Carl Götze 1898 initiierte Ausstellung in Hamburg. Anlässlich des ersten Kunsterziehertages in Dresden 1901 gilt eine Ausstellungssektion ebenfalls ausschließlich dem „Kind als Künstler", und bis zum Ersten Weltkrieg findet in den Metropolen jedes Jahr mindestens eine Ausstellung mit Kinderzeichnungen statt.

Parallel zeigen zahlreiche Künstlerinnen und Künstler Interesse an den Kinderzeichnungen. Sie schätzen insbesondere die Ursprünglichkeit und Ausdrucksstärke der kindlichen Hervorbringungen und lassen sich davon inspirieren. Obgleich die Kinderzeichnung zu Beginn des 20. Jh.s große Anerkennung findet, wird dennoch eine Diskrepanz zwischen dem kindlichen Darstellungswillen und dem Darstellungskönnen behauptet. Erst in den 20er-Jahren wird die Faszinationskraft der Kinderzeichnung als so stark empfunden, dass beispielsweise der Leiter der Mannheimer Kunsthalle, Gustav F. Hartlaub, eine Ausstellung mit dem Thema „Der Genius im Kinde" präsentiert, in der er die kindlichen Ausdrucksformen mit Kunst gleichsetzt.

Mit dem Aufkommen der entwicklungspsychologischen Reifungstheorien Ende der 20er-Jahre, die auf hierarchisch gestufte, biogenetische Entfaltungsprozesse zurückgeführt werden und die heute jeglicher Begründbarkeit entbehren, wächst auch in der Betrachtung von Kinderzeichnungen zunehmend das Interesse an idealtypischen Entwicklungsreihen. Darüber hinaus werden die Formbestände der Kinderzeichnung herangezogen, um Entwicklungsphänomene zu bestimmen. Insbesondere wird eine enge Verzahnung von kognitiver und zeichnerischer Entwicklung angenommen. Diese Verknüpfung ist unbestritten vorhanden, doch sukzessiv setzt sich bereits Ende der 60er-Jahre die Erkenntnis durch, dass zahlreiche weitere Faktoren das Phänomen Kinderzeichnung konstituieren und die einseitige Kopplung von Kinderzeichnung und Denkentwicklung nicht haltbar ist: Individuelle Darstellungsformen, Ausdrucksspezifika und Mitteilungsabsichten werden konstatiert, psychologische Sichtweisen betonen die affektiven und emotionalen Inhalte; es mehren sich Untersuchungen, die unterschiedliche Gestaltungsprinzipien wie Bewegung, Rhythmus, Räumlichkeit, Reihung/Streuung, Binnengliederung, Farbe usw. in den Blick nehmen. Individuelle Gestaltungstendenzen und persönliche Bedeutungsbezüge prägen die bildnerischen Äußerungen. Das heißt, dass die individuellen Gesetzmäßigkeiten im zeichnerischen Tun das bildnerische Ergebnis ebenso determinieren wie die entwicklungsspezifische Bildsprache. In den folgenden Jahrzehnten werden insbesondere die lebensweltlich bedeutsamen Themen in der Kinderzeichnung beleuchtet sowie die kommunikativen Intentionen der Kinder. Im Zentrum stehen dabei Fragen nach dem Lebensweltbezug, nach den Übertragungsprozessen von internen Bildern in hervorgebrachte Darstellungsformen, nach der Weiterentwicklung von der Kinderzeichnung zur Jugendzeichnung usf.

nalisiert ist, Bilder hingegen unmittelbar Nicht-Zensiertes zum Ausdruck bringen können.

Die bildnerischen Äußerungen sind dabei nicht nur „Spiegel der Seele", denn sie beinhalten das über die Darstellung hinausgehende, spezifische gestalterische Element im Produktionsprozess. Ästhetisches Tun ist nicht bloße Übertragung von inneren Bildern in eine äußere bildhafte Gestalt, sondern wird durch den Gestaltungsprozess und die damit einhergehenden emotionalen Implikationen geprägt. Die Darstellung vermittelt Inhalte des Lebensgeschehens in der Verschränkung von Motiv und gestalterischem Ausdruck und teilt dadurch symbolisch etwas über den Menschen und seine Beziehungen zur Umwelt mit.

Wie zeichnen Kinder? Welche Stilmittel nutzt die Kinderzeichnung?

Die fünfjährige Sina zeichnet den Hahn mit wesentlichen charakteristischen Merkmalen (**Abb. 1**): Der Hahn besitzt einen Kopf, der markant im Profil dargestellt ist – mit Hahnenkamm, Schnabel und deutlich sichtbarem Kehllappen. Er besitzt einen Körper, dem ein großer, nach oben gerichteter Flügel anhaftet sowie ein breiter Schwanz mit langen Federn. Die Beine weisen typische Hahnenfüße auf, das Gefieder ist mit Mustern gekennzeichnet. Die Zeichnung zeigt alle entscheidenden Eigenschaften des Tieres, das prägnant aus seitlicher Ansicht dargestellt ist. Das Kind kennt die Charakteristika des Hahns und fügt sie Stück für Stück aneinander.

Muss ich Sina denn nicht darauf hinweisen, dass ein Hahn doch nur zwei Beine hat?

Es ist keinesfalls sinnvoll, Sina zu korrigieren. Zunächst ist es wichtig, die Perspektive des Mädchens zu verstehen und anzuerkennen, was es an dem Hahn beeindruckend findet. Im Gespräch kann man sich die gezeichneten Eigenschaften des Tieres erläutern lassen, möglicherweise überlegt Sina selbst – aus der Distanz des Betrachters –, wie viele Beine ein Hahn bzw. Vogel hat. Ein Tier, ganz allgemein, hat für ein Kind zunächst immer vier Beine. Eine gemeinsame Beobachtung von Vögeln oder Hühnern bei nächster Gelegenheit kann jedoch den Blick für die Anzahl der Füße schärfen. Wichtig ist, Sina zu sagen, dass das Bild gefällt, dass es fantasievoll ist, dass die Idee witzig oder fröhlich ist usw. In der Regel sprechen Kinder ausgesprochen gerne über ihre Zeichnungen, wenn sie merken, dass der Zuhörer interessiert folgt.

1 | Sina (5;2 Jahre)

Frühformen kindlichen Zeichnens: vom Schmieren und Kritzeln

Paula ist zwei Jahre alt und schmiert alle Möbel voll – mit allem, was ihr dafür geeignet scheint. Warum will sie gar nicht damit aufhören oder einsehen, dass sie Unrechtes tut?

Wenn kleine Kinder im Sand spielen, kommt es vor, dass sie fasziniert auf das selbst erzeugte Zeichen im Sand schauen. Sie wiederholen den Vorgang, z. B. mit der Hand eine Spur zu hinterlassen, unzählige Male. Oder sie tauchen den Finger immer wieder in roten Karottenbrei, um damit eine Spur auf dem Tisch hervorzubringen. Mit zunehmendem Alter entdeckt das Kind, dass mit Stiften Spuren erzeugt werden können. Dabei spielt es keine Rolle, ob als Bildgrund Papier, Wände, Stühle, Tische usw. dienen. Der Drang, zweckfrei Spuren zu erzeugen, ist seit jeher in der Menschheitsgeschichte verankert – die Kunstwerke aus vielen Jahrtausenden bezeugen dies.

Etwas hervorzubringen hat immer mit Selbstvergewisserung zu tun: Ich erkenne, dass ich etwas verursache, dass mein Tun ein Resultat hervorbringt. Eine Spur zu hinterlassen bedeutet auch, eine Handlung zu hinterlassen, einen Ort zu markieren, den ich verändert habe. Damit verbunden ist die Erfahrung von Kompetenz, von Selbstwertgefühl und Ich-Stärke, denn ich habe ja etwas hervorgebracht. Das Schmieren und Kritzeln bringt dem Kind nicht nur Befriedigung, sondern auch Selbstsicherheit und Spaß am sichtbaren Erfolg. Deshalb braucht Paula offenbar das Erzeugen einer Spur in besonderem Maße. Natürlich muss sie lernen, nicht auf Möbeln zu zeichnen, sondern dafür vorgesehene Papierbögen zu nutzen.

Erste Kritzelzeichen, die Kinder selbst hervorbringen, werden häufig mit großem Vergnügen, oft auch mit Überraschung und Verblüffung erlebt (**Abb. 2–5**). Denn die willkürliche Bewegung der Hand oder des Armes mit Kreide, einem Stock im Sand usw. erzeugt meist zufällig die erste Spur. Sukzessiv erobert sich das Kind danach das Reich der Kritzeleien. Betrachtet man die oft über Monate hinweg sich wiederholenden Kritzelspuren, lassen sich verschiedene Kritzelzeichen unterscheiden: Es gibt Hiebkritzel, wenn der Stift auf das Papier aufschlägt, und Schwung-, Kreis- und Zickzackkritzel, die der

von links nach rechts:

2 | „Ah, da gibt es eine Spur! Je fester, desto dunkler."
3 | „Verschmieren klappt gut."
4 | „Kann ich so auch zeichnen?"
5 | „Jetzt mit dem ganzen Körper. Das macht richtig Spaß!"

Elisabeth (1;2 Jahre)

Bewegung folgen, kreuzförmige Ballungen und Verdichtungen, die bereits einen Ausdruckswillen erahnen lassen. Manche Kritzel ergeben sich aus reiner Bewegungslust, Schreibkritzel ahmen das Schreiben der Erwachsenen nach.

Mit zunehmender Übung gelingt es dem Kind, die Linien gezielt zu führen: Wenn der erste Kreis entsteht, ist es ihm geglückt, den Beginn und das Ende der Linie zusammenzuführen. Mit großem Stolz zeigt das Kind die neue Form, die ein Innen und ein Außen hat, die gefüllt und weiterentwickelt werden kann. Eine weitere, wie der Kreis mittlerweile aus dem Handgelenk und der Hand gesteuerte Form ist das Kreuz. Die gerichteten Linien weisen einen größtmöglichen Richtungsunterschied auf. Diese Richtungsunterscheidung prägt die Kinderzeichnung noch bis weit ins Grundschulalter hinein. Der Kreis und das im rechten Winkel angelegte Kreuz sind die Grundformen frühkindlichen Ausdrucks, die nun in vielerlei Varianten kombiniert werden können.

Janina ist knapp zwei Jahre alt und kritzelt mit Vergnügen, der gleichaltrige Janne überhaupt nicht. Ab wann sollten Kinder kritzeln? Wann nicht mehr?

Die Frage nach den Altersangaben wird häufig gestellt und ist schwierig zu beantworten: Denn glücklicherweise sind die Kinder alle sehr verschieden. Sie haben unterschiedliche Interessen und Bedürfnisse und somit auch andere Ausdruckswünsche. Es ist durchaus möglich, dass Janne bereits große Bauklötze stapeln kann, während Janina daran keinerlei Interesse zeigt. Es schadet nicht, wenn das Kind nicht kritzelt. Für manche Kinder ist das Kritzeln möglicherweise nicht wichtig, sie überspringen diese Phase einfach oder gehen rasch zur nächsten über. Andere Kinder schauen sich vielerlei Fähigkeiten bei älteren Geschwistern ab, auch dadurch verschieben sich oftmals sogenannte entwicklungstypische Fähigkeiten. Die meisten Kinder beginnen, im zweiten Lebensjahr zu kritzeln, und auch Dreijährige tun dies noch gerne, zum Teil mit großer Ausdauer.

Vielfach schreiben die Kinder ihren Kritzeleien einfach eine Bedeutung zu, z.B.: „Das ist ein Hase." Zwei Minuten später kann es aber auch ein Auto sein. Dieses sogenannte „sinnunterlegte" Kritzeln markiert den Übergang vom motorisch gesteuerten Kritzeln zur bildnerischen Gestaltung mit einer Darstellungsabsicht. Damit ergibt sich als ein Problem für den Betrachter, dass das absichtsvoll Dargestellte zunächst oftmals schwer erkennbar bleibt.

Geeignetes Material

Kinder brauchen viel Material, um ihre Spuren zu setzen und die Bewegungsabläufe beim Zeichnen zu trainieren:

- großformatiges Papier, da sie die Bewegungen aus der Schulter und dem ganzen Arm heraus ausüben;
- farbige Stifte wie z.B. Wachsmalkreiden, die leicht zu handhaben sind und nicht kaputt gehen.

1 | Isabel
(3;4 Jahre)

2 | Rosanna
(3;4 Jahre)

Auf die einfache Frage „Was hast du denn da gemalt?" reagiert Isabel beleidigt und traurig, weil ihre Zeichnung nicht erkannt wird. Ist die Frage falsch gestellt?

Für Isabel erzählt ihr Bild (**Abb. 1**) eine eindeutige Geschichte vom Winter, dem Erlebnis beim Spaziergang, den kahlen Bäumen, den Vögeln aus ihrer Sicht der Dinge. Sie ist außerordentlich enttäuscht über die Nachfrage, was sie denn gemalt habe. Andere Kinder nehmen solche Fragen eher auf die leichte Schulter. Doch wir sollten vorsichtig sein: Statt zu fragen, was das denn ist, kann ich dem Kind vielleicht auf andere Weise entlocken, worum es im Bild geht, und ihm damit eine Enttäuschung ersparen.

Marvin führt den Stift mit großem Vergnügen und mit dem ganzen Körper über das Papier hin und her: Er spielt ein fahrendes Auto, das Bewegungsspuren hinterlässt. Warum zeichnet er nicht ein Auto?

Bewegung motorisch auszudrücken ist für viele Kinder wichtig: Der Rauch aus dem Schornstein taucht das gesamte Bild in eine Qualmwolke, Radfahrer kreuzen das Papier, bis ein dichtes Liniennetz die Darstellung füllt. Auch der Weg zum Einkaufsladen kann durch Bewegung gezeigt werden: Erst gehe ich über die Straße, dann nach links, wieder nach rechts usw. Eine Zeichnung muss nichts Gegenständliches darstellen, sie kann ebenso gut einen Bewegungsprozess repräsentieren.

Rosanna, drei Jahre und vier Monate alt, erzählt zu ihrem Bild (**Abb. 2**) eine Geschichte, die vom kleinen Roboter und dem Vater Roboter handelt. Beide sind zusammen unterwegs, es gibt auch eine Höhle, ein Innen, das Geborgenheit zeigt, und eine Außenwelt, die es zu erkunden gilt. Mal ist das sonnenähnliche Gebilde der Vater Roboter, kurz darauf ist es wieder die Sonne. Interessant zu beobachten sind die unglaublich hohe Konzentration und Ausdauer, die Versunkenheit, die Ernsthaftigkeit und die Freude vieler Kinder im Gestaltungsprozess.

1 | Mirco
(3;3 Jahre)

2 | Paula
(3;4 Jahre)

Zeichnen im Kindergartenalter: Vom Kopffüßler zur gegliederten Figur

Im Alter zwischen drei und sechs Jahren entwickelt das Kind allmählich Zeichen und Formen für die Menschdarstellung. Zunächst entstehen die sogenannten Kopffüßler, einigermaßen runde Gebilde mit Zeichen im Inneren und nach außen wegstrebenden Linien. Resultierend aus dem eigenen Körpergefühl und dem emotionalen Verhältnis zur äußeren Welt entsteht eine Bildsprache, die verdeutlicht, dass das Kind erste Erkundungsgänge in die Umwelt unternimmt. Der Kopf (bzw. ein Kreis) steht für den gesamten Mensch, der Mensch ist eine Einheit. Aus dieser Einheit heraus greift das Kind nach außen und stellt sich auf die Beine. Punkte oder Kreise stehen für die Augen. Der Mensch wird allmählich ausdifferenziert mit Haaren, Ohren, Nase, Mund und Füßen (**Abb. 1**). Dabei ist es oftmals unerheblich, von welcher Seite aus eine Figur gezeichnet wird, denn die Kinder zeichnen von allen Seiten, sie drehen das Blatt, es gibt noch kein Oben und Unten. Es spielt auch keine Rolle, ob das Kind am Computer zeichnet oder mit einem herkömmlichen Stift auf Papier: Die Darstellungsformen bleiben in ihrer Bildsprache gleich.

Mein Kind verdreht alle Gliedmaßen und vergisst die Arme! Ist es krank?

Paula zeichnet ihre Figur kopfüber (**Abb. 2**) – für den gegenübersitzenden Betrachter. Figur und Raum sind am unteren Blattrand für den Zuschauer angebracht. So zeigen die Füße für diesen Betrachter „richtig" nach unten, Augen und Mund sind jedoch verdreht – aus Paulas Perspektive jedoch korrekt angeordnet. Die Figur steht beschützt und geborgen in einem Raum, draußen scheint die Sonne. Das Kind ist nicht krank, sondern übt spielerisch und außerordentlich klug, die Welt aus unterschiedlichen Blickwinkeln heraus zu betrachten.

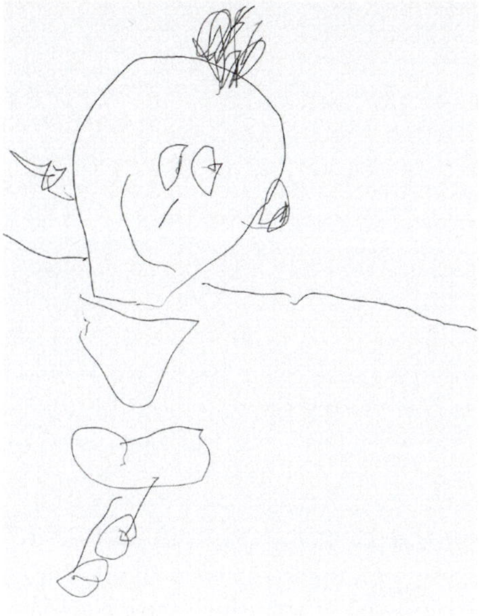

3 | Levi
(3;11 Jahre)

4 | Kilian
(4;7 Jahre)

Levi ist fast vier Jahre alt. Er kritzelt nicht und zeichnet auch keine Kopffüßler. Mit dem Stift in der Hand weiß er nichts anzufangen. Doch plötzlich zeichnet er – völlig ohne Aufforderung – eine weitgehend ausdifferenzierte Person. Ist das normal?

Zwar mit noch unsicherem Strich, aber mit einem Kopf, der Haare, Augen, Nase, Mund und Ohren aufweist, mit Oberkörper, Becken, Armen, Beinen und Füßen zeigt der Junge, dass er sehr wohl in der Lage ist, eine menschliche Gestalt auf das Papier zu bringen (**Abb. 3**). Es bestand schon die Sorge, er würde nie mehr mit dem Zeichnen, das eine Darstellungsabsicht beinhaltet, beginnen. Jegliche Angst, Levi sei vielleicht in seiner geistigen Entwicklung zurückgeblieben, erweist sich mit dieser Zeichnung als unbegründet.
Deshalb kann gar nicht häufig genug darauf hingewiesen werden, dass nicht alle Kinder alle zeichnerischen Entwicklungsphasen durchlaufen müssen. Im Gegenteil, oftmals sind es gerade besonders intelligente Kinder, die bestimmte Phasen einfach auslassen.

Welche Schemata werden bei frühen menschlichen Darstellungen deutlich?

Der Mensch zeigt sich in seiner prägnantesten Ansicht: von vorne, mit rechtwinklig abstehenden Armen und nach unten gerichteten Beinen. Das Kind fügt sukzessiv die einzelnen Körperteile und Gegenstände zusammen, um die es weiß und die es interessieren. Die einzelnen Bildelemente reihen sich auf einer Standlinie nebeneinander auf und werden zunehmend ausgestaltet: Aus einzelnen Strichen werden breite Beine. Es folgen Schuhe, ebenfalls in ihrer prägnantesten Ansicht von der Seite. Hände werden detaillierter, es zeigen sich Finger, und die Kinder unterscheiden zwischen Jungen und Mädchen, zwischen Mann und Frau. Typische Attribute wie Ohrringe oder die Pfeife im Mund des Mannes (**Abb. 4**) weisen darauf hin.

Entwicklungen zeigen sich auch bei allen anderen Bildthemen der Kinder. Dennoch steht der Mensch zunächst vorrangig im kindlichen Interesse, erst später folgen Tiere, Pflanzen, Alltagsgegenstände usw.

Sarah malt immer nur einen Strich als Stamm und einen Kreis als Baumkrone, warum kann sie nicht hingucken, wie ein Baum aussieht?

Die Baumdarstellungen machen deutlich, dass sich ebenso wie bei der Menschdarstellung die Bildsprache unterschiedlich entwickelt und verändert, zum Teil parallel besteht. Das Kind versucht, die Grundstruktur eines Baumes klar herauszustellen: Es gibt einen aufstrebenden Stamm, von dem nach dem Prinzip der Prägnanztendenz, also dem Wunsch nach deutlicher Abgrenzung folgend, rechtwinklig die Äste oder Blätter abzweigen (**Abb. 1**). Die Baumstruktur verändert sich, wenn der Stamm dicker wird und die Zweige sich differenzierter verästeln (**Abb. 2**). Eine gängige und einfache Form der Baumdarstellung ist der Stamm mit einer in sich geschlossenen Krone (**Abb. 3**). Diese Ausdrucksweise wird gerne von älteren Geschwistern oder anderen Kindern im Kindergarten übernommen.

Sarah kann sehr wohl hinschauen, wie ein Baum aussieht. Dennoch sucht sie die für sie einfachste und prägnanteste Darstellungsweise für ihren Baum. Wird ihr Interesse an Bäumen und ihrem Aussehen, beispielsweise durch Spaziergänge im Wald, geweckt, ist es durchaus denkbar, dass sie zu anderen Ausdrucksformen findet. Aber auch diese Gestaltungsformen werden von dem Bedürfnis nach Prägnanz und gegliederter Struktur durchdrungen sein. Denn das Zeichnen hilft, sich die Umwelt auf gestaltende Weise anzueignen. Erst viel später zeichnen Kinder stark verästelte Bäume mit Früchten und Blättern, die sich überschneiden. In der Intensität des Begreifens vom Wesen des Baumes machen die verschiedenen Darstellungsweisen jedoch keinen Unterschied.

von links nach rechts:
1 | Antonia (5;8 Jahre)
2 | David (5;10 Jahre)
3 | Jette (6;1 Jahre)

Zeichnen im Grundschulalter: Räumlichkeit, Bewegung und Farbgebung

Die Phase bildnerischer Ausdrucksformen im Grundschulalter wird häufig als „bildermächtige Zeit" (vgl. Meyers) beschrieben, denn die meisten Kinder zeichnen mit großer Hingabe und Intensität. Diese Zeit wird in der Regel als „Schemaphase" gekennzeichnet. Der Begriff resultiert aus der Verwendung einfacher Grundformen. Schemata wie Kreise oder Rechtecke werden genutzt, um sich auszudrücken. Daraus ergibt sich eine sichere Bildsprache.

Marlene zeichnet immer das Gleiche: ein Haus mit Garten, Blümchen, einen Baum und sich selbst – ein Mädchen. Oben steht die Sonne, eine blaue Linie deutet den Himmel an. Warum hat sie gar keine Ideen für neue Bilder?

4 | Marlene (6;4 Jahre)

Die Selbstsicherheit beim gestalterischen Tun in diesem Alter mag auch daher rühren, dass die Grundschulzeit durch eine „selbstverständliche Welthinnahme" geprägt ist. Denn während Kleinkinder die Welt nur ausschnitthaft erfassen und mit Contenanceproblemen beschäftigt sind, Jugendliche hingegen beginnen, sich von erlerntem Verhalten, von anderen und von sich selbst zu distanzieren, leben die Grundschulkinder intensiv in der Gegenwart.

Marlene hat Freude am gestalterischen Ausdruck, sie geht souverän mit ihrem Bildrepertoire um (**Abb. 4**). Mit dem Schuleintritt sind vielfältige neue Erlebnisse und große Anforderungen zu bewältigen. Marlene benötigt wie fast alle Kinder Monate, um sich in der neuen Situation zurechtzufinden. Deshalb greift sie auf zuverlässig funktionierende Bildschemata zurück, die sie beherrscht und die ihr Genugtuung und Entspannung verschaffen.

Warum zeichnet Jonas immer Autos mit Gesichtern? Das sind doch keine Lebewesen!

Zu Beginn der Grundschulzeit und auch schon zuvor erkennen wir in vielerlei Bildgegenständen die Tendenz der Kinder, in ihren Zeichnungen Dinge zu vermenschlichen. Nicht nur die Sonne erhält ein Gesicht, auch Autos, Häuser und Tiere können menschliche Formen annehmen. Diese sogenannte Anthropomorphisierung drückt die emotionale Verbindung der Kinder zu Menschen, Tieren oder Gegenständen aus und deutet auf eine spezifische Form kindlichen Denkens im Vorschulalter und zu Beginn der Grundschulzeit hin. Gemeint ist die Verlebendigung der Wirklichkeit mit dem Bestreben, sich selbst in dem anderen zu sehen – etwa in der dargestellten Figur, im Haus, im Baum, im Tier usw.

1 | Michelle (10;3 Jahre)

links: 2 | Pascal (5;8 Jahre)

rechts: 3 | Janine (8;11 Jahre)

Während in den ersten beiden Schuljahren die Bildstruktur von emotional-bildhaften Lösungen geprägt ist, hängt die nachfolgende Struktur zunehmend von intellektuellen Organisationsformen ab, die das assoziative Kombinieren von Vorstellungen ermöglichen. Ein Beispiel hierfür ist das sogenannte Röntgenbild, bei dem etwa das Innere eines Hauses sichtbar wird (**Abb. 1**), oder das Baby im Bauch der Mama – bei jüngeren Kindern.

Im Verlauf der bildnerischen Entwicklung während der ersten Schuljahre ist der Gestaltungswechsel vom anschaulich-expressiven Charakter zum ausformulierten, schematischen Organisationsstil ein auffälliges Merkmal.

In dem Bild von Pascal (**Abb. 2**) herrscht noch die ausdrucksstarke Lebendigkeit der Figur in Frontalansicht vor. Die von Janine gemalte Person (**Abb. 3**) ist dagegen klar gegliedert dargestellt, im Profil mit eindeutigen Schemata für die einzelnen Körperglieder.

Gegen Ende der Grundschulzeit gelingt auch ein Perspektivwechsel in der Vorstellung, z. B. wenn eine Landschaft von oben aus der Vogelperspektive gemalt wird.

Warum zeichnet Lea Häuser und Straßen immer auf dem Kopf und so durcheinander angeordnet?

Lea wählt die für sie logischste Darstellungsweise: Alle Häuser stehen auf einer Standlinie, der Straße. Nun gibt es einen komplexen Straßenverlauf, dem die Anordnung der Häuser einfach folgt (**Abb. 6**). Diese sogenannten Klappbilder zeugen von großer Souveränität im Umgang mit räumlicher Darstellung. Sie sind meistens eindeutiger und klarer als mancher Versuch einer perspektivisch korrekten Gestaltung.

Die Kinder verfügen im Grundschulalter über ein relativ stabiles Formenrepertoire, zu dessen Aufbau die kontrollierte Motorik und die differenzierte visuelle Wahrnehmung beitragen. Einzelne Bildelemente werden zunehmend an den Flächenkoordinaten orientiert ausgerichtet, und es entwickelt sich eine stabile, gerichtete und relationale Flächenorganisation. So kann sich eine räumliche Anordnung durch das Errichten von vertikalen, figurativen Elementen auf einer

4 | Johanna (6;1 Jahre)

5 | Niels, (7;5 Jahre)

horizontalen Stand- oder Bodenlinie bzw. einem Streifen am unteren Bildrand ergeben (**Abb. 4**). Vielfältige Richtungsunterscheidungen tragen zur Erweiterung der Binnendifferenzierungen bei. Auch wenn das formale Zeichengefüge gefestigt ist und die Darstellungsschemata stabil sind, ist die Bildgestaltung weiterhin bestimmt durch das motorische Tun und die Rhythmik im Zeichnen. Bewegungsfreude, Darstellungsabsicht und Mitteilungscharakter sind noch immer wesentlich für die Darstellungen, die auf emotionalen Eindrücken beruhen.

Niels zeichnet die Ereignisse des 11. Septembers 2001, als zwei Flieger in das World Trade Center stürzten (**Abb. 5**). Er hatte das Geschehen im Fernsehen verfolgt. Ein Flugzeug ist bereits im rechten brennenden Turm verkeilt, das zweite ist im Anflug. Feuerwehr, Rettungshubschrauber, Krankenwagen und Polizei stehen bereit. Niels nutzt die ihm verfügbaren Mittel der Kinderzeichnung: Der Flieger im Anflug zeigt sich ebenso von der prägnantesten Seite wie der Hubschrauber, einmal mit Draufsicht, einmal im Profil. Die Hochhäuser und Autos sind auf einer Standlinie platziert, aber der Raum reicht nicht für weitere Fahrzeuge. Also zieht Niels eine zweite Standlinie darüber ein. Das Feuer wird mit roter Farbe symbolisiert, das Löschwasser ist eindeutig mit blauer Gegenstandsfarbe gekennzeichnet. Solche Mischungen aus aufsichtartigen und seitlichen Ansichten folgen dem Prinzip der sogenannten „guten Gestalt" – jedes Bildelement wird in seiner deutlichsten Ansicht dargestellt. Insbesondere wenn Kinder Stadtansichten zeichnen, finden sich häufig diese Perspektivmischungen.

6 | Lea (7;9 Jahre)

Wie entwickelt sich der Gebrauch von Farbe?

Emine malt alle Bilder in Rosa-, Lila- und Rottönen (**Abb. 1**). Dabei ist es ihr völlig egal, ob das Thema Wald, Porträt oder Tierfamilie lautet. Rosa ist ihre Lieblingsfarbe. Die Gegenstandsfarbe der abgebildeten Personen und Tiere spielen bei ihrer Farbwahl keine Rolle. Etwa in der Mitte der Grundschulzeit verändert sich das Kind in verschiedenen Entwicklungsbereichen erheblich. Im Alter von sechs bis acht Jahren dominiert noch eine deutliche Bindung an Erwachsene, während Neun- bis Elfjährige bereits wesentlich stärker mit Freunden und Hobbys befasst sind. Das Kind entwickelt zunehmend ein Interesse an der äußeren Wirklichkeit und lernt, diese allmählich unabhängig von der eigenen Person zu erfahren. Im Bereich des bildnerischen Tuns zeigt sich diese Veränderung beispielsweise deutlich in der Farbgestaltung: Während bislang die Farbwahl von Lieblingsfarben und zum Teil von der Gegenstandsfarbe gesteuert war, gilt nun das Interesse einer möglichst detailgenauen Wiedergabe der Wirklichkeit. Das zeigt sich auch deutlich in der Darstellung des Menschen, der in seinen Bewegungen beobachtet und entsprechend dargestellt wird.

Interessant bei der Menschdarstellung ist auch, dass sich die Darstellungsweise verändert: Das Kind fügt die einzelnen Körperglieder nicht mehr sukzessiv und mit festgelegten Schemata aneinander (erst der Kopf, dann der Hals, der Bauch, die Beine, die Arme usw.), sondern entwickelt die Figur als eine Einheit, die sich bewegt, die gedreht werden kann und sich variierend im Profil (**Abb. 2**) oder von vorne zeigt.

1 | Emine (7;2 Jahre)

2 | Lena-Marie (10;7 Jahre)

Zeichnen im Übergang zur Pubertät: Ausblick zur Jugendzeichnung

Mein Kind zeichnet gar nicht mehr lebendig und ausdrucksstark, hat es keine Fantasie mehr?

Während in den ersten beiden Schuljahren das Interesse des Kindes primär durch spontane emotionale Befindlichkeiten und Handlungswünsche geleitet ist, bestimmt am Ende der Grundschulzeit häufig die Wissbegierde an den Dingen das Tun. Die Kinder werden realitätsbezogener und sachlicher (**Abb. 3**), was sich u. a. auch in der wachsenden kritischen Distanz sowohl gegenüber Mitschülerinnen und -schülern als auch gegenüber Erwachsenen und Lehrenden zeigt.

In diesem Zusammenhang wird häufig behauptet, dass die Fantasietätigkeit der Kinder gegen Ende der Grundschulzeit abnimmt. Diese verlagert sich jedoch nur nach innen, sie wird äußerlich weniger gezeigt – denn im täglichen Lebensraum wird Fantasie weder gewünscht noch gar gefördert. Die Fantasie bleibt jedoch weiterhin parallel zur sogenannten Wirklichkeitsorientierung bestehen. Der bildnerische Ausdruck beruht formal und inhaltlich zwar auch, aber nicht nur auf kognitiven Vorgängen. Er wird ebenso geprägt von emotionalen Verfasstheiten, Fantasietätigkeit und Imagination, Bewegung und Rhythmus, dem Gestaltungsprozess im Umgang mit dem Material usw., denn die Bilder sind symbolisch strukturiert und spiegeln das Welterleben der Kinder.

Wie problematisch Altersangaben und Klassifizierungen sind, wurde bereits angemerkt. Es können erhebliche Differenzen in Bezug auf einzelne Entwicklungsbereiche bestehen. Zusätzlich suggerieren solche Einteilungen einen qualifizierbaren und quantifizierbaren Verlauf der Entwicklung. Sie kann jedoch ebenso kontinuierlich wie diskontinuierlich, sprunghaft und unregelmäßig verlaufen. Gleichwohl kommt den Altersangaben eine gewisse Evidenz zu. Die interne Dynamik der Lebens- und Weltaneignung scheint z. B. am Ende der Grundschulzeit besondere Zugänge zur Wirklichkeit zu eröffnen, die durch Neugierde und Wissensdurst bis hin zur Suche nach Widerständigem getragen werden. Dennoch: Sowohl das einseitige Verknüpfen der Kinderzeichnung mit der Denkentwicklung als auch das diesbezügliche Festschreiben phasengemäßer Ausdrucksformen birgt eine Gefahr. Bestimmte, vermeintlich alterstypische Gestaltungsweisen können festgeschrieben werden. Die Erweiterung des Erfahrungs- und Ausdrucksrepertoires wird dadurch möglicherweise behindert.

3 | Gökan (10;6 Jahre)

Kiara (11;3 Jahre) zeichnet, seit sie drei Jahre alt ist, in großen Mengen, mit Ausdauer und mit viel Vergnügen. Doch im letzten Jahr hat sie keinen Stift mehr in die Hand genommen. Woran liegt das?

Kinder besitzen im Vorschulalter und in den ersten Jahren der Grundschulzeit großes Vertrauen in ihre bildnerischen Fähigkeiten. Sie malen und zeichnen mit enormer Ausdruckskraft, spontan, direkt und originell. Immer wieder wird in der kunstpädagogischen Literatur beklagt, dass die Ausdrucksfähigkeiten der Schülerinnen und Schüler mit der Schemaphase am Ende der Grundschulzeit immer konventioneller werden und dass der Gestaltungswille abnimmt. Ursache für die Abwendung von der bildnerischen Gestaltung zu Beginn der Pubertät ist weniger eine zeichnerische Unfähigkeit, sondern vielmehr die Skepsis der Jugendlichen gegenüber ihrer eigenen Darstellungsfähigkeit, die die Wirklichkeitsnähe zum Maßstab nimmt. Und auch Kiara ist mit allem, was sie in der Schule gestalten soll, unzufrieden und unglücklich. Sie und viele andere Kinder verlieren ihre ursprüngliche Gestaltungsfreude, weil sie meinen, ihr Zeichenrepertoire genügt nicht, um die Wirklichkeit abzubilden. Diese Einschätzung begründet sich nicht allein darin, dass wirklichkeitsanaloge Darstellungsfähigkeiten fehlen, sondern ist auch Folge vermittelter Orientierungsmodelle. Denn der Trend vom freien Ausdruck weg hin zu einem realitätsorientierten Konventionalismus wird zu einem beträchtlichen Maße durch den kulturellen Kontext bestimmt. In unserer Gesellschaft werden bildnerische Darstellungen von Kindern in starkem Maße von Medien und anderen Vorbildern beeinflusst (**Abb. 1**).

1 | Josefa (11;11 Jahre)

Zwei weitere Gründe für das zurückgehende bildnerische Tun liegen darin, dass sich das Interesse der Kinder und Jugendlichen auf andere Ausdrucksbereiche verlagert (z. B. Mode) und dass die Schülerinnen und Schüler ihrem Mitteilungs- und Kommunikationsbedürfnis nun bevorzugt sprachlich nachkommen (z. B. Tagebuch schreiben, mit Freunden sprechen). Vor diesem Hintergrund stellt sich zugleich die Frage, ob Kiaras bildnerische Gestaltungsfähigkeit vielleicht nicht genügend Anreize erhält. Collagieren, Fotografieren oder Videoaufnahmen führen ja zu wirklichkeitsanalogen Darstellungen und sind somit für ältere Kinder interessante Gestaltungsalternativen. So kann bei geeigneter Förderung das ästhetische Potenzial der ca. Zehn- bis Vierzehnjährigen durchaus erhalten bleiben.

In ihrem Bedürfnis, der kindlichen Bildsprache andere Ausdrucksformen entgegenzusetzen, beginnen viele Kinder am Ende der Grundschulzeit Bilder abzupausen, Comicfiguren nachzuahmen, mit Bildern aus Zeitschriften zu collagieren und Parallelperspektiven zu üben.

Kjell (11;9 Jahre) konstruiert aufwändige Maschinen, die in seiner Fantasiewelt verschiedenen Völkern das Überleben ermöglichen. Seine Ideen und Überlegungen zu den Konstruktionsprinzipien will er bildnerisch festhalten. Häufig wirft er verzweifelt Stifte und Lineal in die Ecke. Wie kann man ihn motivierend unterstützen?

Kjells Unzufriedenheit über seine bildnerischen Produkte liegt in der Tatsache begründet, dass eine erhebliche Diskrepanz zwischen seinen komplexen inhaltlichen Vorstellungen und den altersgemäßen formalen Darstellungsmöglichkeiten existiert. Kjell benötigt Hilfestellung, wie er seine Maschinen konstruieren und bauen kann. Möglicherweise wären für sein Problem computergesteuerte Bildproduktions- und Bearbeitungsmöglichkeiten nützlich, um seinem Darstellungswillen entgegenzukommen. Aber auch einfache perspektivische Tricks würden ihm die Arbeit erleichtern. Gerade im Übergang zur Pubertät könnte der Computer als technisches Hilfsmittel für spezifische Gestaltungsprozesse ein geeignetes Mittel sein, die genannte Diskrepanz zu überbrücken, weil beispielsweise die einzelnen bildnerischen Schritte kontrollierbar und rückgängig zu machen sind.

Ist das Zeichnen am Computer wirklich ein geeignetes Ausdrucksmittel für Kinder?

Veronika und Laura zeichnen und malen den Ausflug in den Zoo am Computer (**Abb. 2**). Zwar tun sich die beiden Mädchen im Umgang mit dem Computer noch schwer, doch sie sind im herkömmlichen Zeichnen geübt und verfügen über ein breites Repertoire diverser Darstellungsformen zu den üblichen Motiven Mensch, Baum, Haus, Tier usw. Die räumliche Grundstruktur ihres digitalen Zoobildes ist geprägt von der Standlinie, auf der sich Baum, Figur und Giraffe befinden, Letztere durch eine Mauer im unteren Bereich verdeckt. Im deutlich angeschnittenen Baum wohnt ein Clipart-Vogel und auf der Wiese eine ebensolche Ente. Im Hintergrund ist das Zoocafé platziert, wohin ein perspektivisch umgekehrt proportionierter Weg führt. Weg- und Mauerstruktur sind digital erzeugt, auch die Wiese ist mit der Füllfunktion angelegt. Die Figuren wirken statisch, obgleich sie nicht additiv aus Einzelelementen zusammengesetzt sind, sondern als ein einheitliches Ganzes erfasst wurden. Das Mädchen ist sorgfältig gestaltet und reich geschmückt mit Schleife und Sternenmuster auf dem Rock. Ihr Blick richtet sich nicht auf ein Tier – wie man es im Zoo erwarten könnte –, sondern aus dem Bildraum hinaus. Das lächelnde Gesicht erinnert an ein stereotypes, comicähnliches Darstellungsschema, das lange Zeit eingeübt wurde. Die beiden Mädchen sind mit ihrem digitalen Bild weitgehend zufrieden:

2 | Veronika und Laura (12;9 und 12;11 Jahre)

1 | Maja (8;5 Jahre)

2 | Anna-Sophie (8;2 Jahre)

„Wir finden alles gut außer dem Weg und dem Gras. […] Die Muster waren sehr hilfreich, die Auswahl von Ziegeln, Steinen und so. […] Man lernt Geschicklichkeit und man kriegt eine ruhige Hand."

Im Gegensatz zur Kinderzeichnung im Vor- und Grundschulalter – und dies scheint die bildnerische Gestaltung am Computer zu unterstützen – beinhaltet das Zoobild typische Merkmale und Stilmittel, die Indikator für den Beginn der Jugendzeichnung sind: Das Mädchen weist eine Frisur und Gesichtszüge auf, die offenbar aus Comicvorbildern übernommen worden sind. Beide Figuren, Kind und Giraffe, sind weitgehend aus einer Konturlinie heraus entwickelt, also nicht additiv aus einzelnen Formelementen zusammengesetzt. Die Gestaltung der Gegenstände folgt kaum mehr allein der Prägnanztendenz, sondern die Bildobjekte überschneiden sich. So verdeckt die Mauer die Beine der Giraffe, der Vogel sitzt mitten in der Baumkrone. Eine Raumperspektive wird mit dem Weg nach hinten und dem proportional deutlich kleineren Zoogebäude versucht, das Mädchen überschneidet den Weg. Überschneidungen, Ausschnitte oder seitliche Anschnitte wie am Baum oder der Mauer vermeidet das Grundschulkind in der Regel.

Aber freilich gibt es auch hier Ausnahmen, etwa wenn die ganze Familie zusammen auf das Bild gebracht werden soll. Die Person, die am wenigsten präsent ist, der Papa, gerät dabei schon mal in den Hintergrund (**Abb. 1**). Üblicher für Achtjährige sind Darstellungen, die alle Personen nebeneinander aufreihen (**Abb. 2**). Die beiden Zweitklässlerinnen zeigen typische Bilder aus der Schemaphase: Die Figuren sind Stück für Stück aus bekannten Grundformen entwickelt. Weil das Thema die eigene Familie ist, versuchen die Mädchen die verschiedenen Personen möglichst deutlich in Kleidung und Aussehen voneinander zu unterscheiden. Allerdings wählen sie in Bezug auf die Größenverhältnisse meist die Bedeutungsproportion: Die Person, die am wichtigsten oder die innerhalb der Familie am dominantesten ist, wird am größten dargestellt. Aufgrund des noch egozentrischen Weltbildes des Kindes zu Beginn der Grundschulzeit ist das häufig die eigene Person.

Am Ende der Grundschulzeit benötigen die Kinder nicht nur Hilfestellungen, um ihr zeichnerisches Können zu verbessern, sie brauchen auch altersgemäße Angebote, um weiterhin mit Engagement und Intensität zu gestalten. Keineswegs stagniert das bildnerische Vermögen entwicklungsbedingt, es fehlen lediglich altersadäquate Angebote, Mittel und Wege, um sich sinnvoll bildnerisch auszudrücken. Beispielsweise könnte der Wunsch nach Realitätsorientierung, Detailgenauigkeit und perspektivischer Darstellung auch mithilfe der Fotografie eingelöst werden. Doch gerade das unmittelbare Zeichnen, Malen und Umgestalten erlaubt das Darstellen unmöglicher, fantastischer, witziger Motive und Geschichten. Speziell Tagebuchaufzeichnungen und andere schriftliche Texte zeigen, wie fantasievoll und metaphernreich das Vorstellungsvermögen dieser Altersgruppe sein kann. Dass sich die Imaginationsfähigkeit im Bildnerischen nicht einschlägig zeigt, liegt wohl eher an der Unzufriedenheit der angehenden Teenager über die eigenen bildnerischen Produkte.

3 | Emilia (13;8 Jahre)

Aber es gibt auch Jugendliche, die weiterhin mit großem Vergnügen zeichnen. Dabei werden oftmals spezifische Fähigkeiten wie das Comic-Zeichnen oder Graffitigestaltungen ausgeprägt. Häufig helfen sich die Kinder und Jugendlichen, indem sie sich an bildnerischen Vorlagen orientieren. So entstehen zum Teil etwas stereotype Darstellungsformen oder klischeehafte Motivübernahmen (**Abb. 3**), wodurch wiederum der Wunsch nach „realitätsgetreuer Darstellung" unterstrichen wird.

Gestalten am Computer

Mit seinen technischen Möglichkeiten bietet der Computer Darstellungshilfen, die in jedem Fall geeignet sind, das ästhetische Verhalten im Übergang zum Jugendalter zu fördern:

1. Die Reversibilität der Schritte kommt der Neugierde, dem Forscherdrang entgegen.
2. Schwer darstellbare Bildelemente können eingefügt werden.
3. Eine perspektivische Raumauffassung wird durch das Verkleinern, Verschieben, Verändern von Bildelementen unterstützt.
4. Der dreidimensionale Monitor befördert die räumliche Darstellungsweise.

Das Medium Computer, die Technik der Bildherstellung und der dialogische Reiz im Umgang mit dem Programm können insofern entscheidend zur Entwicklung der bildnerischen Fähigkeiten beitragen – weil es für die Schülerinnen und Schüler ein zeitgemäßes Angebot zum bildnerischen Tun bedeutet und als persönlich bereichernd empfunden wird.

Was zeichnen Kinder? Welche Inhalte sind für Kinder relevant?

Prinzipiell lassen sich unterschiedliche Funktionen und Inhalte des bildnerischen Ausdrucks festhalten: der Wunsch nach Kommunikation, das Vergegenständlichen von Träumen, Sehnsüchten oder auch Ängsten, einem innerpsychischen Zustand Ausdruck zu verleihen oder aber das alltägliche Lebensgeschehen – beispielsweise in Form von Medienkonsum – zu verarbeiten. Freilich lassen sich Kinderzeichnungen nicht eindeutig der einen oder anderen Funktion (Kommunikation, Ausdruck, Wunsch und Medien) zuordnen. Wunschbilder können auch Kommunikationsbilder sein, Kommunikationsbilder auch Ausdrucks- und/oder Medienbilder usw. Es gibt Überschneidungen und Doppelfunktionen. Aber die Kategorien Kommunikation und Ausdruck, Wunschvorstellung und Lebensweltbezug können als Funktionsbeschreibungen helfen, den Blick für die bildnerischen Ausdrucksformen der Kinder zu schärfen und über die Zeichnungen nachzudenken.

1 | Sascha (9;4 Jahre)

Sascha quält sich täglich mit stundenlangen Hausaufgaben. Er möchte lieber draußen spielen. Statt die Hausaufgaben flink zu erledigen, zeichnet er sich dabei akribisch genau und mit großem Interesse für technische Details wie z. B. die Stromversorgung seiner Schreibtischlampe. Was bringt er damit zum Ausdruck?

Sascha thematisiert das Verrichten seiner Hausaufgaben (**Abb. 1**). Er sitzt auf einem überdimensionierten Stuhl vor einem riesigen, klotzigen Schreibtisch. Man sieht förmlich den Berg, der vor ihm liegt und der zu bewältigen ist. Auf dem Schreibtisch liegt das Mathebuch, darüber steht eine exakt gezeichnete Leuchte mit Stromzufuhr. Dominant ist der Text: „Scheis Hausaufgaben“. Die Schrift greift nicht nur die Comicsprache auf, sondern zeigt auch den Wunsch nach einer unmissverständlichen Aussage, nach Kommunikation. Der Text wäre gar nicht nötig, allein die Proportionen der Möbel im Verhältnis zur Figur sind aussagekräftig genug, um seine Befindlichkeit deutlich zu machen. Nicht nur die Mitteilung über die quälenden Hausaufgaben und der Ausdruck des subjektiven Empfindens sind die Funktionen dieser Kinderzeichnung, sie dient auch der Klärung und Aneignung von Umwelt. Denn der Junge teilt nicht nur sein Wissen von der Wirklichkeit mit, indem er den Tisch mit vier Beinen darstellt oder beim Zeichnen der Figur

2 | Gemeinschaftsarbeit einer 2. Klasse

Kopf, Körper, zwei Beine und zwei Arme additiv aneinanderfügt. Das Wesentliche ist, dass er dabei seine Umwelt strukturiert und klärt, z. B. wie der Schulranzen aussieht, wie die Stromzufuhr geregelt ist usw. Darüber hinaus dient das Zeichnen dazu, seinen Wunsch nach der Befreiung von seinen Pflichten auszudrücken und sich seiner Gefühle bewusst zu werden.

Nicht nur quälende Hausaufgaben werden in den Kinderzeichnungen verarbeitet, auch die positiven Eindrücke des alltäglichen Lebens spiegeln sich in den kindlichen Hervorbringungen. Dass das Ausdrucksbedürfnis nicht immer nur zeichnerisch zum Vorschein kommt, sondern auch beim Spielen und Basteln, beim Sammeln, Formen, Stapeln und Ordnen, liegt auf der Hand (**Abb. 2**).

Geschlechtsspezifische Inhalte: Mädchenthemen – Jungenthemen

Lisa zeichnet immer nur Mädchen, Wiesen und Bäume, ihr Bruder Karl baut und bastelt, zeichnet aber nicht. Wurden die Kinder unterschiedlich erzogen?

Lisa feiert ihren sechsten Geburtstag. Sie hat fünf Freundinnen eingeladen. Die Mädchen sitzen um den Tisch herum, haben Papier und Stifte vor sich, erzählen, lachen und zeichnen: Himmel, Wiese, Blümchen, Sonne, Schmetterlinge und ein strahlendes Mädchen (**Abb. 3**). Die Mädchen diskutieren über Farben, Muster und Verzierungen.

Für die Identitätsentwicklung ist eine gleichgeschlechtliche Orientierung notwendig. Die Kinder üben geschlechtsspezifisches Rollen-

3 | Lisa (6;4 Jahre)

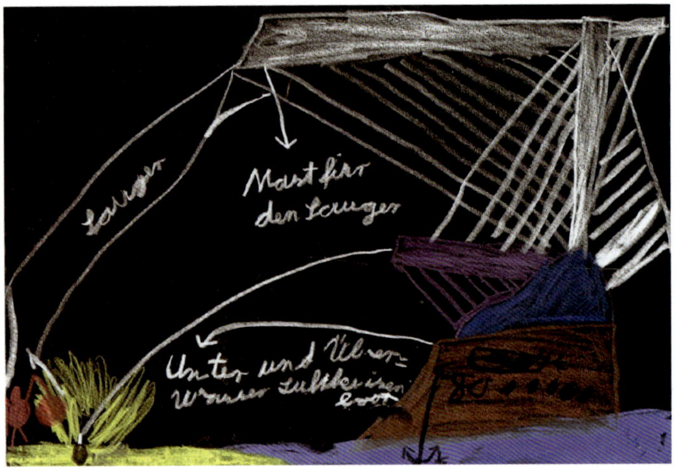

1 | Julian (8;7 Jahre)

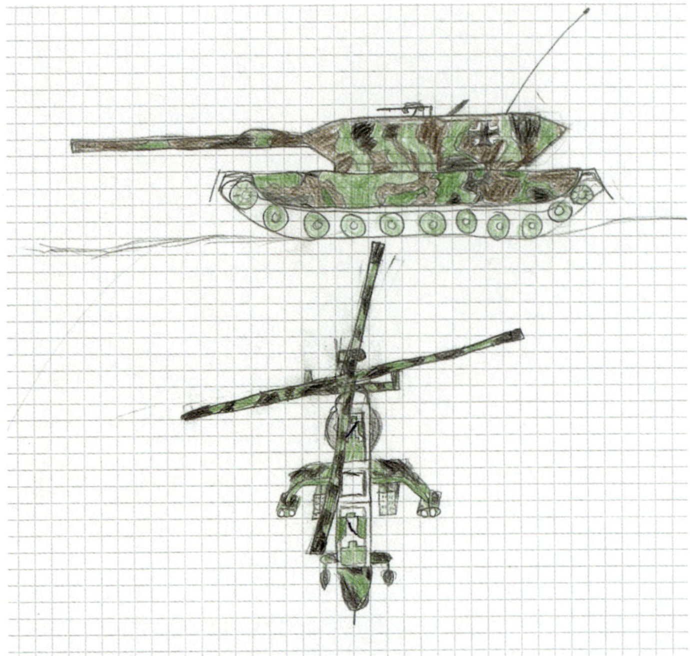

2 | Amir (11;8 Jahre)

verhalten, auch wenn wir uns darum bemühen, ihnen möglichst viel Entwicklungsfreiraum zu geben. Das Wissen, ein Mädchen oder ein Junge zu sein, ist ein wesentliches Sozialisationselement und für Kinder enorm wichtig, um sich in ihrer Lebenswelt zurechtzufinden.

Deshalb ist es nicht ungewöhnlich, dass Jungen nicht nur andere Themen in ihren Zeichnungen aufweisen – wie Autos, Flugzeuge und vielerlei technische Konstruktionen (**Abb. 1** u. **2**) –, sondern dass sie auch andere Darstellungsformen und Techniken wählen, die freilich ebenso mit ihrer Lebenswelt zu tun haben. Sie sammeln Steine aus der Umgebung und ordnen sie an oder konstruieren Fantasieobjekte. Sie schließen sich ebenso wie die Mädchen zusammen, haben männliche Vorbilder und erproben sich im Aufbau ihrer männlichen Identität.

Aber es gibt immer auch Ausnahmen: Jungen, die unbedingt ein Mädchen sein wollen, die gerne Röcke anziehen, tanzen und sich als weibliche Person darstellen, oder Mädchen, die sich für technische Probleme, Schiffe, Maschinen Actionhelden usw. interessieren. Diese Phänomene gilt es ebenfalls zu unterstützen, denn die Kinder benötigen Halt und Sicherheit auf ihrem Weg der Identitätsentwicklung. Dazu gehört auch, dass wir sie in ihren Bedürfnissen ernst nehmen und sie mit ihren Interessen fördern. Nur durch das Bestärken und Ermutigen der Kinder kann gesundes Selbstvertrauen entstehen.

3 | Christina (8;5 Jahre)

Vielerlei Rollenmuster verändern sich in unserer Gesellschaft ohnehin: Immer mehr Väter bleiben zu Hause und versorgen Haushalt und Kinder, immer mehr Mütter sind berufstätig.

Insbesondere bei Wunschbildern (Ich möchte Prinzessin sein, Rennfahrer werden usw.) gibt es neben vielerlei anderen Ursachen für die bestimmte Motivwahl auch geschlechtsspezifische Unterschiede in bildnerischen Darstellungen von Kindern und Jugendlichen: Mädchen stellen sich häufig in den Mittelpunkt eines harmonischen, emotional angenehmen Umfeldes, Jungen hingegen zeigen oftmals keine bzw. neutrale oder auch konfliktbeladene Stimmungen und materielle Wünsche.

Themen, die Kinder beschäftigen, resultieren u. a. auch aus den täglichen Diskussionen beim gemeinsamen Abendessen – z. B. um Krieg und Frieden. Der Wunsch nach „Frieden" überragt plakativ die Szene, in der Saddam Hussein und George Bush sich zwischen fröhlich-farbigen Blumen die Hand reichen, in einer Zeit, in der sich Irak und USA heftig bekämpfen (**Abb. 3**). Lediglich ein kleiner Schützenpanzer auf der amerikanischen Seite verweist auf die aktuellen Ereignisse. Freundlich lächelnd und mit der Überschrift gehen die genannten Personen in der Zeichnung von Christina aufeinander zu. Die Sehnsucht nach Harmonie und Glück, nach gegenseitiger Verständigung und zufriedenem Miteinander prägt das Bild.

Emotionale Inhalte: Bedeutungsperspektive und Ausdrucksproportion

Warum zeichnet Anina so große Hände? Soll ich ihr sagen, dass die Hände viel zu groß sind?

Anina darf bei ihrer Oma übernachten. Was sie dabei am meisten fasziniert, ist Omas Katze Billi. Sie möchte gerne mit Billi spielen, schmusen und das Tier streicheln. Doch die Katze ist nicht sehr begeistert und schleicht sich davon. So zeichnet sich Anina mit der Katze (**Abb. 4**).

Wie wichtig das Anfassen der Katze für Anina ist, zeigt sich an ihren übergroßen Händen. Mit ihren Händen spürt sie das Fell, das sie ebenfalls akribisch und detailreich darstellt. Sie kann mit den Händen die Katze fangen und herzen.

Wenn Kinder bestimmte Bildelemente im Vergleich zu anderen besonders groß darstellen, nennt man das Bedeutungsperspektive oder Ausdrucksproportion, weil den Bildmotiven eine außergewöhnliche Bedeutung zukommt.

4 | Anina (7;3 Jahre)

1 | Marlene (6;9 Jahre)

2 | Julian (5;3 Jahre)

Es macht keinen Sinn, Anina darauf hinzuweisen, dass sie die Hände kleiner zeichnen soll. Warum auch? Die großen Hände zeigen doch nur, was für sie wichtig ist. Vielleicht möchte sie darüber sprechen, dass die Katze vor ihr wegläuft. Sich Zeit für das Kind zu nehmen und ihm zuzuhören, ihm eine Erzählung zu entlocken, kann hier die Aufgabe der Erwachsenen sein.

Auch die Darstellung von Marlene zeigt ein emotional stark besetztes Erlebnis: Ihr geliebter Hamster ist gestorben. Daraufhin hat er ein Grab im Garten bekommen. Marlene zeichnet das Grab in der Größe, wie es der Bedeutung für sie entspricht: mit einem riesigen schwarzen Kreuz und bewachsen mit bunten Blumen (**Abb. 1**). Sich selbst kann sie nach dieser bildnerischen Verarbeitung des Erlebten schon wieder lachend neben das Grab platzieren.

Umgang mit grausamen Motiven

Bilder von Kindern in Krisensituationen stellen oft grausame Erlebnisse konkret dar. Kinderzeichnungen zeigen z. B. unmittelbar erlebtes Kriegsgeschehen: Angst, Schrecken, Hilflosigkeit, Verlassenheit und Trauer kommen zum Ausdruck.

Die kindlichen Darstellungen haben Mitteilungscharakter und sind somit ein Kommunikationsangebot. Jedes Sprechen über die grausamen Erlebnisse erleichtert die Verarbeitungsprozesse. Allerdings sollte kein Kind zum Reden darüber genötigt werden. Zudem könnte das Heranziehen einer psychologischen Beratung bei schwerwiegenden Ereignissen sinnvoll sein.

3 | Nadine (7;8 Jahre)

Welche Themen sind für Kinder oft von besonderer Bedeutung?

Alle Erlebnisse, die Kinder beschäftigen – auch Alltagsszenen mit Freunden und in der Familie – finden in den Zeichnungen ihren Niederschlag (**Abb. 3**).

Ebenso wie Freunde und Familie, Kindergarten oder Schule bestimmen die immer wiederkehrenden Feste und Feiern sowie der Zyklus der Jahreszeiten das Alltagsleben der Kinder. Weihnachten und Ostern bieten häufig beeindruckende Erlebnisse (**Abb. 4**): Tannenbäume mit vielerlei Weihnachtspäckchen und strahlendem Kerzenschein finden sich deshalb ebenso in den kindlichen Darstellungen wie der Osterhase, der die Ostereier versteckt.

4 | Lukas (6;9 Jahre)

2 | Isabel (9;7 Jahre)

1 | Mustafa (8;3 Jahre)

Medienmotive in der Kinderzeichnung: Krieg und Gewalt

Gleichwohl sind die beschaulichen Motive religiöser Feste oder Märchenmotive wie die Bremer Stadtmusikanten und Hänsel und Gretel oder gar lustige Schneeballschlachten heute eher selten in der Kinderzeichnung zu sehen. Stattdessen nehmen die Kinder jene Themen auf, die ihnen tagtäglich in ihrer medialen Umwelt begegnen: Spielzeugobjekte wie Barbiepuppen und Actionhelden sind dabei ebenso Bildgegenstand wie Motive aus Krimiszenen oder Nachrichtensendungen. Kinder verbringen einen erheblichen Teil ihrer Freizeit vor Fernseher und Computer, was zwangsläufig dazu führt, dass sie beispielsweise motorisch ungeschickter sind, weil sie weniger Übung im Umgang mit Stiften, Schere und Papier haben.

Davon abgesehen prägen die medial vermittelten Themen die Motive in den kindlichen Darstellungen. Kinder werden durch mediale Präsenz mit aktuellen Kriegsgeschehnissen, Gewalttaten und anderen, meist unschönen Ereignissen konfrontiert. So ist es kaum verwunderlich, dass Gewalt auch in ihren Zeichnungen thematisiert wird.

Was kommt in den Kriegsdarstellungen der Kinder zum Ausdruck? Werden die damit verbundenen Ängste durch die gestalterische Beschäftigung noch verstärkt? Prägen sich die medial vermittelten Kriegseindrücke dadurch vehementer ein?

Die dargestellten Inhalte sind stets mit subjektiven Emotionen verknüpft, die sich – individuell verschieden – in den symbolischen Ausdrucksformen spiegeln. Auch wenn Kinder z. B. im Fernsehen mehr oder weniger die gleichen Medienbilder rezipieren, können bei der bildnerischen Verarbeitung dieser Bilder doch Unterschiede hinsichtlich ihrer Funktion für das jeweilige Kind festgestellt werden.

Mustafa zeichnet beispielsweise die Kriegsgegner Irak und USA in Bagdad (**Abb. 1**). Die Zeichnung dient offenbar der Klärung der Situation: Zwei Schriftzüge (Irak, USA) markieren die gegnerischen Parteien auf Panzern zwischen zwei Hochhäusern. Die medial vermittelte Vorstellung von Bagdad wird zeichnerisch in Beziehung zum aktuellen Krieg gesetzt und trägt somit zum Aufschluss und zur Verarbeitung der Ereignisse bei. Die Darstellung entsteht in regem verbalem Austausch und drückt die Reflexionsbemühungen des Kindes über das Kriegsgeschehen aus.

In einer anderen Zeichnung rücken stärker die Auswirkungen der Angriffe auf Bagdad ins Zentrum: Sie zeigt brennende Häuserzeilen und Hochhäuser, übergroße Fluggeschosse und Personen, die um Hilfe rufen (**Abb. 2**). Diese Bilder werfen Fragen nach den Menschen und nach den Zuständen in der Stadt auf. Die zuvor beschriebene Zeichnung thematisiert eher die politischen Verhältnisse. Auch das Einbeziehen von Sprechblasen und Schrift in allen Darstellungen verdeutlicht den Wunsch nach Austausch und Analyse, nach Kommunikation und Verstehen. Die Zeichnungen spiegeln einerseits Betroffenheit und innerliche Beschäftigung mit den Ereignissen wider, zugleich aber auch die visuelle und emotionale Wirksamkeit von vielfach präsentierten und rezipierten Medienbildern. Offensichtlich verfestigen sich die medial dominanten Bilder bei den Kindern, überlagern andere Vorstellungsbilder und prägen sich präzise in das bildnerische Imaginationsrepertoire ein.

Mit Blick auf die Erkenntnisse der Kinderzeichnungstheorie lässt sich festhalten, dass dem Zeichnen von Kriegserlebnissen, auch medial vermittelten, eine entlastende Funktion zukommt: Das Erlebte findet eine nonverbale Form des Ausdrucks, es wird eine Brücke vom Inneren zur Außenwelt geschlagen, die Mitteilung, Austausch und Kommunikation erlaubt. Das medial Erlebte wird auf diese Weise zu einem Gegenüber, das mit Distanz betrachtet und reflektiert werden kann. Darüber hinaus werden die Kriegsgeschehnisse als gemeinsam erlebtes Ereignis wahrgenommen. Die negative Erfahrung verliert ihre Singularität, sie kann geteilt und miteinander besprochen werden. Insofern ist das Zeichnen ein Angebot und eine Chance für die Kinder, die komplexen und schwer verstehbaren Ereignisse, die sie zwangsläufig in irgendeiner Weise miterleben, fassbar zu machen, zu klären und ansatzweise zu verarbeiten.

Das Thema Krieg im Unterricht

Inwieweit ist es überhaupt sinnvoll, die Kinder das Thema Krieg bildnerisch bearbeiten zu lassen? Sollten die Kinder vor den Medienbildern und der Diskussion um die Kriegsereignisse geschützt werden? Oder dient das Zeichnen der Verarbeitung, Klärung und dem Verständnis der Erlebnisse?
Diese Fragen können nicht eindeutig geklärt werden. Ihre Beantwortung hängt in großem Maße von der Lerngruppe, der Lernsituation, der emotionalen Verfassung der Kinder usw. ab. Eine Entscheidung, ob und wie das Thema Krieg in Kindergarten oder Grundschule behandelt wird, muss letztlich in das pädagogische Ermessen der Lehrkraft oder der Kindergärtnerin gelegt werden. Des Weiteren sollte geklärt sein, ob die Eltern damit einverstanden sind, dass ethische und politische Fragen zum Krieg thematisiert werden.
Kinder sollten jedoch auf keinen Fall zu einer bildnerischen Auseinandersetzung mit dem Thema genötigt werden. Wenn ein Kind sich der Aufgabenstellung entziehen möchte, muss dies gestattet sein. Zugleich sollte der Arbeitsauftrag geeignet sein, Freiraum in der Bearbeitung zu erlauben, beispielsweise durch die Möglichkeit, sowohl Fragen in Form von Kommunikationsbildern zu stellen, als auch Wünsche und Träume zu realisieren, Empfindungen Ausdruck zu verleihen, um sie zu verarbeiten, oder medial vermittelte Bilder gestalterisch zu strukturieren.

Digitale Kinderzeichnung: Bildklischee und Herstellungsprozess

Maria und Linus sitzen häufig gemeinsam am Computer und zeichnen. Welchen Einfluss hat das auf ihre Darstellungen?

Auch den Computer nutzen Kinder zur Bildproduktion. Das digitale Zeichnen und Malen führt nicht nur zu einschneidenden Veränderungen in der kindlichen Bildsprache, u. a. durch die Nutzung vorgefertigter Bildelemente (**Abb. 2**), es betont auch den Prozess des bildnerischen Tuns. Darüber hinaus eröffnet die computergestützte bildnerische Praxis neue Wege, spezifische Darstellungsfähigkeiten zu entwickeln. Kinder gestalten am Computer häufig ungewöhnlich abwechslungsreich und offen, sie entwickeln innovative bildnerische Lösungen durch Kombinieren, Variieren, Ausprobieren, Integrieren, Zusammenstellen usw. von bildnerischen Teilelementen und Effekten. Dabei entstehen sogar altersuntypische räumliche Bezüge. Speziell die Möglichkeit der Verkleinerung und Vergrößerung bestimmter Objekte wird im digitalen Bild gern genutzt, um Raumwirkungen zu erzeugen. Gerade die Reversibilität von Vorgängen am Computer scheint den Forschergeist und die Neugierde voranzutreiben. Kinder, die ohnehin stark an Vorbildern interessiert sind und Bildklischees gerne übernehmen, erhalten mit der digitalen Bildgestaltung die Möglichkeit, Bilddetails flexibel miteinander zu verknüpfen und bekannte Schemata zu modifizieren.

1 | Alexander (12;8 Jahre)

Die meisten Zehnjährigen sind im Umgang mit dem Computer geübt und haben bereits mit Malprogrammen gearbeitet, die das Übermalen und Füllen von Flächen, das Einfügen von Cliparts, das Rückgängigmachen der einzelnen Schritte, das Anwenden von Effekten (mit Mustern gestalten, Verfremdungseffekte usw.), aber auch das schlichte Zeichnen und Malen ermöglichen.

Alexander gestaltet einen Safari-Park, in dem diverse Tiere leben, zum Teil Wassertiere in einem See (**Abb. 1**). Der Bildraum ist perspektivisch angelegt mit dem Teich im Mittelgrund, Haus, Zaun, Eingang und Himmel im Hintergrund. Die Tiere wirken etwas unproportioniert, da ihre Größe nicht der jeweiligen Platzierung im Bildraum angepasst wurde. Das Kamel im Vordergrund wirkt deutlich zu klein. Die Vor- und Nachteile des Gestaltens am Computer beschreibt Alexander differenziert: „Man kann Cliparts verwenden, um das Zeichnen der Tiere zu erleichtern, und beliebig und ohne viel Aufwand das Werkzeug wechseln. Das Gebäude im Hintergrund gefällt mir an meinem Bild am meisten und ließ sich ohne großen Aufwand herstellen. Überhaupt nicht gefielen mir die Menschen. Auf dem Bild sind sie nicht mehr zu sehen, da ich es auch nach dem

2 | Peter (8;3 Jahre)

Menschen in sein Bild zu integrieren, was ihm letztlich nicht gelingt. Er nutzt also die Funktion des Rückgängigmachens diverser Herstellungsschritte. Andererseits ist die wiederholte Feststellung auffällig, dass man ohne Aufwand das Werkzeug auswählen und wechseln, Gebäude herstellen, Cliparts einfügen oder Farbtöne zur Hilfe nehmen kann. Das Betonen des geringen Aufwands steht im Widerspruch zu der erheblichen Anstrengung, zehn Anläufe zur Menschdarstellung zu unternehmen. Die Programmoptionen faszinieren den Jungen offenbar, auch die raschen Wechsel zwischen den möglichen Werkzeugen. Er zeigt eine hohe Motivation zur Gestaltung, da er sich durch den ungeübten Umgang mit der Maus nicht entmutigen lässt und die Arbeit am PC dennoch Freude macht.

Zweifellos unterscheiden sich die digitalen Bilder deutlich von herkömmlich gezeichneten: Nicht nur das Einfügen von fertigen Bildzeichen verändert die kindlichen Darstellungsformen, die Ausschnitte sind anders gewählt, der Farbauftrag ist einheitlich (Fülleimer) oder mit Füllmustern strukturiert, durch Rückgängigmachen ist der Herstellungsprozess nicht mehr nachvollziehbar, Software-Effekte bestimmen das Bild. Das beliebige Übereinanderlagern von Bildobjekten und Hin- und Herschieben der Gegenstände im Bildraum ist ebenso wie die Reversibilität der einzelnen Produktionsschritte ein mediales Spezifikum. Insbesondere die zahlreichen Versuche der Schülerinnen und Schüler, einen perspektivisch angelegten Raum herzustellen, werden von dem virtuellen Tiefenraum des Bildschirms offensichtlich unterstützt. Hinzu kommen auffällig viele An- und Ausschnitte sowie Überschneidungen von Gegenständen, die möglicherweise durch den diffusen Monitorraum und die medialen Sehgewohnheiten der Kinder befördert werden. Sicher kann festgehalten werden, dass

zehnten Anlauf nicht geschafft habe, sie ordentlich zu zeichnen. Beim Herstellen von Häusern ist der Computer allerdings hilfreich, da die gewünschte Form des Gebäudes einfach angewählt werden kann. Nicht hilfreich ist der Computer beim Zeichnen von Menschen, was aber auch daran liegen kann, dass ich mit Zeichnungen, die mit der Maus angefertigt werden, nicht sehr begabt bin. Der Computer ist eigentlich schon ein geeignetes Mittel, um Bilder herzustellen, da man Werkzeuge einfach und schnell auswählen und die verschiedenen Farbtöne zu Hilfe nehmen kann. Ich mag das Arbeiten am Computer, weil es einfach Spaß macht."

Interessant an Alexanders Aussagen ist, dass er einerseits zahlreiche Versuche unternimmt,

1 | Veronika (12;1 Jahre)

2 | Lucas (7;9 Jahre)

das Verkleinern der Tierfiguren von den meisten Zwölf- bis Vierzehnjährigen gezielt zur perspektivischen Raumdarstellung genutzt wird. Dies ist ein klarer Hinweis darauf, dass die Kinder wirklichkeitsanaloge Darstellungsmöglichkeiten suchen. Hierfür spricht auch das bewusste Verwenden von Effekten, die illusionistische Oberflächen simulieren. Die Aufmerksamkeit vieler Kinder gilt der Glätte und Perfektion der Darstellung, der Beherrschung des Mediums, dem Experimentieren und den Überraschungen durch neue Effekte. Die Kinder interagieren mit dem Computer als Gegenüber, statt sich kontemplativ zu versenken, sie kommunizieren miteinander ebenso wie mit dem PC. Sie schätzen an ihren eigenen Darstellungen besonders die Räumlichkeit und die eingefügten Cliparts. Allerdings wird als weiteres Kriterium auch häufig die handwerkliche Fertigkeit gewürdigt – das selbst gemalte Motiv wird in besonderem Maße honoriert.

Auch zeigt sich, dass Kinder, wenn sie am Computer zeichnen, eher zu ungegenständlicheren Darstellungen neigen als beim konventionellen Zeichnen und Malen (**Abb. 1**). Die Intention folgt bei dieser Tätigkeit offenbar einem prozessualen Darstellungsinteresse, das an Bildwirkungen und Bildveränderungen orientiert ist und weniger an bestimmten Ausdrucksbedürfnissen. Diese Entdeckung schärft auch den Blick für jene Kinder, die aus Freude an der Farbe, am Material oder an der Bewegung ungegenständliche Bilder herstellen.

Es gibt immer wieder Kinder, die ein ausgeprägtes Interesse an materialen, farblichen und kompositorischen Gegebenheiten haben. So z. B. Lucas, der jedes Thema nutzt, um nahezu ungegenständliche, farbige Bilder zu produzieren. Seine Faszination an der Farbigkeit bringt er bildnerisch immer wieder zum Ausdruck. Statt alle Familienmitglieder deutlich hervorzuheben, lässt er Vater, Mutter, sich selbst und den Hund in einem Farbenmeer aus bunten Formen versinken, sodass die einzelnen Personen kaum mehr wahrzunehmen sind (**Abb. 2**).

Wie gehen Kinder und Erwachsene mit Kinderzeichnungen im Alltag um?

Wenn Kinder im Alltag gestalten, entstehen immer wieder vielerlei Fragen, die letztlich auf die Entwicklung der kindlichen Bildsprache zielen. Beispielsweise: Darf ich meinem Kind vorzeichnen? Schaden Malbücher dem Kind? Wie unterstütze ich den Gestaltungsprozess? Wohin mit den ganzen Bastelobjekten? Schmälert es den Wert einer Zeichnung, wenn ich sie abhefte, statt aufzuhängen? Wie können Kinder eigene Ideen entwickeln, eigene Lösungswege erfinden? Ist es besser, das Kind einfach machen zu lassen, oder soll ich vormachen? Freilich ist das Beantworten dieser Fragen immer abhängig von dem jeweiligen Kind, um das es sich handelt. Gleichwohl wird im Folgenden versucht, sinnvolle Wege des Umgangs mit Kinderzeichnungen im Alltag aufzuzeigen.

Aufbewahrung von Kinderwerken

- Kinderzeichnungen lassen sich in einfachen Ordnern abheften. Besser noch sind große Sammelmappen sowohl für zu Hause als auch in Kindergarten und Schule. Denn Kinder malen und zeichnen gerne großzügig. Das Standardmaß DIN A4 entspricht nicht unbedingt ihren bildnerischen Bedürfnissen.
- Die Beschriftung sollte die Altersangabe (Jahr, Monat) und den Namen beinhalten, wenn möglich auch das dargestellte Thema oder einige Stichpunkte dazu.
- Niemals sollte in die Kinderzeichnung hinein beschriftet werden, vielmehr sind die Vermerke auf der Rückseite anzubringen.

Anerkennung: beschriften, präsentieren und aufbewahren

Nike (7 Jahre) zeichnet, bastelt und malt jeden Tag – seit nahezu vier Jahren. Es darf nichts weggeworfen werden, das Kinderzimmer platzt aus allen Nähten. Was tun?

Nike liebt es, zu kleben und zu schneiden, Pappen, Hölzer und bunte Papiere zusammenzufügen, zu beschriften, Karton zu tackern, zu übermalen usw. Danach bleiben die oftmals dreidimensionalen Konstruktionen achtlos in der Ecke liegen. Freilich kann nicht alles aufgehoben werden. Aber Nike könnte jene Werke auswählen, die ihr am wichtigsten sind, um sie aufzubewahren. Allein schon das Aussuchen initiiert vielleicht einen Austausch über die Objekte, den es sonst nicht gegeben hätte. Der Dialog kann Auskunft über die Wertschätzung der Arbeiten geben. Was ist Nike eine solche Bastelei wert? Sind es Erinnerungen, die darin enthalten sind, technische Variationen, Materialexperimente?

Für Kinder ist es oftmals interessant, nach einigen Jahren in ihren Zeichnungen zu blättern, weil dies zur Selbstvergewisserung und Identitätsentwicklung beiträgt. Sie können ihre eigenen Entwicklungsschritte nachverfolgen. Auch für Eltern ist das Nachvollziehen der wechselnden Interessen und der bildnerischen Entwicklung ihrer Kinder anhand der Zeichnungen höchst spannend. Das Aufbewahren dient zudem der Wertschätzung der Kinderzeichnungen. Vielleicht werden diese dann auch anders angeschaut, weiterbearbeitet oder ergänzt.

Die Anerkennung ist ein wesentliches Moment, das die Gestaltungsfreude nachhaltig fördert. Wenn das Kind aus dem Kindergarten mit Gestaltungsobjekten kommt und die Mutter ruft: „Oh weh, wo stellen wir das denn noch hin?“, dann schmälert diese Reaktion nachhaltig den Spaß an der gestalterischen Produktion. Wertschätzung erfährt das Kind auch, wenn es beispielsweise Wechselrahmen gibt, in denen das gerade aktuell gefertigte Bild aufgehängt wird. Auch in Kindergarten und Schule ist das Präsentieren der Arbeiten von zentraler Bedeutung, allerdings sollten hierbei immer alle Kinder berücksichtigt werden. Dies kann auch im Wechsel geschehen, wenn nicht ausreichend Rahmen zur Verfügung stehen.
Kinder merken sich sehr genau, wenn ihre Gestaltungsarbeit nicht geschätzt wird, sind leicht demotiviert und hören in der Regel auf, von sich aus bildnerisch tätig zu werden. Auch wenn eine Darstellung nicht gleich erkennbar erscheint, ist das Hervorgebrachte mit persönlichen Inhalten versehen und verdient Aufmerksamkeit.

Das Interesse der Erwachsenen richtet sich häufig nicht auf das hergestellte Objekt, das den Kindern Freude macht und das Kompetenzgefühle erzeugt, sondern vielmehr auf die Sorge um das Kind: Was kann es zeichnen, sollte es nicht schon viel differenzierter darstellen können? Ist es begabt, was sagt die Zeichnung über die Nöte des Kindes aus, wie kann ich es fördern usw. Obwohl diese Fragen berechtigt sind, ist ein aufrichtiges Interesse an der Sache und damit an dem Gestaltungsprozess für das Kind erforderlich, um in seinem Tun ernst genommen zu werden. Das heißt nicht, dass immer alles gutgeheißen werden muss. Im Gegenteil, auch Kritik zeigt eine ernsthafte Auseinandersetzung mit der Person.

Vormachen – nachmachen: Gestaltung als geistiger Prozess

Elena schmeichelt: „Du kannst so schöne Pferde zeichnen, malst du mir bitte eines?“ Soll ich ihr vorzeichnen? Lernt sie dann schneller zeichnen?

Es spricht nichts dagegen, mit Kindern gemeinsam Bilder herzustellen. Es kann ein vergnügliches Miteinander sein, ein wechselseitiger bildnerischer Dialog, der für beide Seiten produktiv ist. Viele Künstler wie z. B. Picasso oder Jawlensky haben gemeinsam mit ihren Kindern Bilder gemalt und davon profitiert.

Problematisch wird das Vorzeichnen dann, wenn keine neuen bildnerischen Lösungen daraus entstehen, d. h. wenn Elena das vorgezeichnete Pferd nicht selbstständig weiterentwickelt, z. B. einen Reiter darauf setzt oder es in einen Stall stellt. Denn die geistige Auseinandersetzung mit dem Motiv geht verloren, wenn sich das Kind auf eine Vorzeichnung konzentriert, die nicht das individuelle Wissen spiegelt. Auch sollte keine unreflektierte Formenübernahme stattfinden, indem einfach abgezeichnet wird, sondern es muss über die Anerkennung der kindlichen Formensprache eine Zusammenführung der unterschiedlichen Bildsprachen stattfinden. Zudem müsste die Ursache ergründet werden, warum Elena ihre eigenen Pferde nicht gefallen. Es sollte ihr Mut gemacht werden, die Darstellung so zu entwickeln, dass sie damit zufrieden ist. So könnten Fell und Mähne mit geeigneten Maserungen oder Strukturen gezeichnet werden, Pferde in der Bewegung beobachtet werden, oder es könnte sogar dem Wunsch nach Reiten nachgekommen werden. Das emotionale Erlebnis, dem Pferd zu begegnen, es zu füttern

1 | Yasmin (9;8 Jahre)

2 | Matthias (8;10 Jahre)

oder zu reiten, würde Elenas Aufmerksamkeit vielleicht auf bisher unbeachtete Aspekte der bildnerischen Pferdedarstellung lenken.

Um zu zeigen, dass auch Elenas Pferdedarstellung einen hohen Wert besitzt, kann ein Tauschgeschäft angeboten werden: Ich zeichne dir ein Pferd, wenn du mir auch eines zeichnest!

Auch Alina malt gerne Pferde, zwar selbst und mit großer Ausdauer, allerdings ohne jegliche Variation. Soll man sie einfach machen lassen oder sie gezielt fördern?

Alinas Bedürfnis, Pferde zu malen, sollte keineswegs eingeschränkt werden. Allerdings können Angebote, ihr bildnerisches Repertoire zu erweitern, nicht schaden: Kunstpostkarten mit Pferdebildern, andere Techniken, plastisches Gestalten usw. wären einige Anregungen, die Alinas bildnerisches Können vielleicht weiterbringen.

Generell sind Hilfestellungen für Kinder geeignet, die zur Differenzierung ihrer Darstellungen führen. Muster im Kleid sind dabei ebenso sinnvoll wie die Ausarbeitung des Vogelgefieders, die Rinde eines Baumes oder die Blütenformen einer Blume. Genaues Anschauen und darüber sprechen sind hierfür oftmals Voraussetzung. Wird die Umweltbeobachtung zu einem emotionalen Ereignis, erhält das Kind nachhaltige Anregungen für seinen Vorstellungs- und Erlebnisbereich, was wiederum in die bildhafte Tätigkeit münden kann. Ziel sollte dabei nicht sein, möglichst genau nach der Wirklichkeit zu zeichnen, sondern Sinnzeichen für das Gesehene zu finden, die etwas über das Wesen des Objekts aussagen. Hierfür sind die beiden Blumendarstellungen ein gelungenes Beispiel (**Abb. 1** u. **2**): Die Darstellungen zeigen die intensive Farbigkeit der Pflanzen und geben Auskunft über ihre komplexe Gliederungsstruktur im Wachstum.

Eine schematisierte Blume hingegen kann keinen wesentlichen Erkenntnisgewinn für das

links:
1 | Rosanna
(3;9 Jahre)

rechts:
2 | Melina
(9;4 Jahre)

3 | Vogelschema

4 | Sabine
(8;2 Jahre)

Kind erbringen. Zudem folgen solche Darstellungen oftmals auch sinnentleerten Vorzeichnungen. Die neunjährige Melina zeigt kein Interesse an einer bestimmten Blume und zeichnet ein Schema, ohne darüber nachzudenken (**Abb. 2**). Die fünf Jahre jüngere Rosanna zeichnet bereits eine differenziertere Blütenform – eine Meeresblume, neben der ein Hai wohnt (**Abb. 1**).

Kein Kind würde einen Vogel im üblichen Schema (**Abb. 3**) zeichnen, wenn es dieses nicht irgendwo gesehen hätte. Denn das Kind besitzt viel mehr Informationen über einen Vogel und möchte dieses Wissen auch darstellen (**Abb. 4**). Kinder brauchen kein Vorbild in der Formgebung, denn sie setzen ihre Beobachtungen und ihr Wissen in ihre eigene Bildsprache um. Allerdings benötigen sie Anregungen zur Wahrnehmung und Beobachtung von Naturphänomenen und Alltagsobjekten. Werden sie nicht aufmerksam gemacht, nehmen sie möglicherweise auch die unterschiedlichen Formenausprägungen von verschiedenen Pflanzen oder anderen Elementen aus der Umwelt nicht wahr.

Gestaltungsprozesse verhindern: Malbücher

Frieda bekommt von ihren Verwandten immer wieder Malbücher geschenkt. Schaden die Malbücher dem Kind? Was passiert beim Ausmalen?

Das Ausmalen schult die Feinmotorik und macht vielen Kindern zudem Spaß. Mit Stolz präsentieren sie ihre „schönen Bilder", mit denen sie für ihre Ausdauer belohnt werden. In anderer Hinsicht hingegen behindern Malbücher eher die bildnerische – und damit auch die kognitive – Entwicklung des Kindes: Die Übertragung des Wahrgenommenen bzw. der Vorstellung in eine Zeichnung ist ein komplexer geistiger Prozess, der kognitive Leistungen entscheidend befördert. Für das innere Bild müssen Sinnzeichen gefunden werden, das Gesehene muss geordnet und strukturiert werden, sodass eine gewisse Erkennbarkeit gegeben ist. Diese, für

5 | Mareike (5;7 Jahre)

den bildnerischen Prozess maßgeblichen geistigen Fähigkeiten werden beim Ausmalen nicht eingesetzt. Stattdessen werden Bildklischees präsentiert, die einige Kinder entmutigen: „So gut kann ich keinen Baum zeichnen!" Die Art der Baumdarstellung, wie im Malbuch vorgegeben, entspricht in keiner Weise dem gestalterischen Bemühen des Kindes um eine Baumdarstellung, das in erster Linie dem Erfassen der gewachsenen Baumstruktur gilt. Für das Kind ist es wichtig, zu verstehen, dass der Baum ein organisch wachsendes, lebendiges Wesen ist und dass sich – damit verbunden – aus dem Stamm die Äste entwickeln, woraus wiederum die Blätter sprießen (**Abb. 5**). Das Verhältnis von Laubbaum und Nadelbaum wird dabei ebenso erforscht wie die innere Struktur eines Baumes. Das Kind stellt Parallelen zwischen verschiedenen Baumarten her, und es lernt, Bäume zu klassifizieren sowie Kategorien zu bilden. Diese kognitiven Leistungen, die mit der bildnerischen Tätigkeit einhergehen, werden behindert, wenn das Kind eine Schemazeichnung für einen Baum – z. B. Stamm und Krone – übernimmt oder wenn es lediglich ausmalt.

Mit den Malvorlagen werden stilisierte und klischeehafte Zeichen vorgegeben (**Abb. 6** u. **7**), die die Kinder unbesehen übernehmen und die sich darüber hinaus als „schöner" oder „besser gezeichnet" einprägen, obwohl die Bildvorlagen meist stereotype Darstellungen ohne jegliche Differenzierung beinhalten. Malbücher können Kinder in der Entwicklung ihrer Bildsprache behindern, weil sie Darstellungen wiederholen wollen, die sie selbst gar nicht herstellen können.

6 u. **7** | stilisierte Schemata aus Malbüchern

Farben differenzieren: aufmerksam die Umwelt betrachten

Ausmalbücher lenken die Aufmerksamkeit der Kinder auf die Farbgebung: Die Baumkrone soll grün sein, die Wolken sollen blau ausgemalt werden, obgleich sie eigentlich weiß oder grau sind, usw. Auch diese Anforderung nach wirklichkeitsgetreuer Farbgebung entspricht in keiner Weise dem kindlichen Farbverständnis. Kinder im Vorschulalter haben Lieblingsfarben, nutzen die Farbe als emotionales Ausdrucksmittel oder einfach als Zeicheninstrument. Kinder zeichnen selbstverständlich auch braune Baumstämme, aber sie sind dennoch flexibel im Umgang mit der Farbe. Es entstehen Farbmuster ebenso wie prägnante Formunterscheidungen durch kontrastreiche Farbe – bis zum Schulbeginn oftmals ohne Rücksicht auf die Eigenfarbe der Dinge. Charakteristische und typische Farben setzen die Kinder ein, wenn sie die Farbe als Merkmalsfarbe bzw. Gegenstandsfarbe verwenden. Die Sonne wird gelb, das Dach rot gemalt usw. Parallel dazu nutzt das Kind Farbe jedoch oftmals immer noch, um die Bildgegenstände kontrastreich voneinander zu unterscheiden, sodass bunte Bilder entstehen, in denen die Farbe unterschiedliche Funktionen einnimmt.

Der dreijährige Leon kann einfach keine Farbe benennen. Fragt man ihn nach der Farbe seines Pullis oder irgendeines Gegenstands, zuckt er die Schulter. Ist er farbenblind?

Das Erkennen von Farben – und damit auch das Benennen – bildet sich erst langsam und mit erheblichen Altersunterschieden bei Kindern heraus. Kleinkinder können lediglich zwischen hell und dunkel unterscheiden, Farben sehen sie überhaupt nicht. Allmählich wird die Welt farbiger, zunächst werden Rottöne bzw. Rotvarianten wahrgenommen und weitere warme Farben, dann erst die kälteren Töne. Insofern mag es

Kreativer Umgang mit Malbüchern

Bekommen Kinder Malbücher geschenkt, eignen sich diese hervorragend als Bastelmaterial: zum Zerschneiden und Zusammenkleben, als Collage-Elemente oder als Grundlage, um Bilder aus Illustrierten oder Sammelobjekte wie Federn und Blätter hineinzukleben. Davon abgesehen gibt es auch interessante Malbücher, die Anregungen beinhalten, selbst zu zeichnen oder eigene gestalterische Lösungen zu suchen. Spuren im Schnee erfordern das zugehörige Tier, im Strukturennetz von Linien lassen sich verschiedene Gegenstände entdecken, angefangene Darstellungen fordern zum Ausgestalten des Bildes auf, wie z.B. der Kreis im unteren linken Bildfeld oder eine zunächst nicht deutbare Spur.

Male weiter

Male weiter

Malen unterstützen

Das Malen zu fördern bedeutet, angemessene Malmaterialen und Malgründe bereitzustellen und Arbeitssituationen einzurichten:

- Großflächiges Abdecken des Arbeitsplatzes und „Malkleidung“: Farbkleckse müssen möglich und erlaubt sein.
- Anforderungen, z. B. sich einen Malgrund selbst wählen und eigene Lösungswege für die Darstellungen entwickeln. Oder: Eine eingeschränkte Farbpalette zur Verfügung stellen.

Julian (5;4 Jahre)

nicht verwundern, dass manche Kinder erst recht spät Farben bewusst wahrnehmen und benennen können. Farbenblinde Kinder gibt es so gut wie nicht, manchmal kann eine sogenannte Rot-Grün-Schwäche auftreten, die das Unterscheiden dieser beiden Farben schwierig macht.

Kinder lieben Farben, sie klecksen und lassen die Farben ineinanderlaufen, obgleich sie schon lange in der Lage sind, Bildgegenstände darzustellen. Viele Erwachsene glauben, dass Kinder frühestens mit Schulbeginn flüssige Farben nutzen sollten, da sie erst dann lernen können, die Farbe angemessen zu verwenden. Doch dies ist ein Trugschluss: Schon mit den Fingern, spätestens wenn sie einen Pinsel halten können, erproben Kinder mit großer Lust den Umgang mit der Farbe, reagieren auf Farbklänge und wachsen langsam in das farbige Gestalten hinein (**Abb.**).

Kinder sind von der Erwachsenenwelt fasziniert. Sie interessieren sich ebenfalls für Fahrzeugdesign oder Kleidung usw. Deshalb ist es wichtig, ihnen die Zusammenhänge zwischen ihrem eigenen Tun und möglichen Berufsperspektiven aufzuzeigen oder deutlich zu machen, inwiefern die Umwelt auch mit ihrem bildnerischen Tun in Verbindung steht, d. h. wo ebenfalls gestaltet wird. Wie bedeutungsvoll für Kinder etwa das Schreiben von Erwachsenen ist, wenn sie selbst noch nicht schreiben können, zeigt sich daran, dass sie oftmals so tun, als würden sie schreiben: Sie erfinden dabei Schriftzeichen, die in ihren Bildern sichtbar werden.

Carlos zeigt einen Ausschnitt seines Familienlebens: Die Mutter steht in der Küche, der Vater sitzt am Schreibtisch, zwei Kinder schauen Fernsehen, ein weiteres spielt außerhalb des großzügig angelegten Wohnzimmers im Flur. Interessant sind die ungewöhnliche Perspektive des Kindes in den Raum hinein, schräg von oben, modellhaft sowie die außerordentlich intensive, warme, rot-orange Farbigkeit des Raums. Zwar fällt die Vereinzelung der Familienmitglieder auf,

1 | Carlos
(7;11 Jahre)

Farbwahrnehmung fördern

Die Farbwahrnehmung lässt sich im Alltag hervorragend üben: Beispielsweise bietet das Beschreiben der Grüntöne in der Natur ein ebenso breites Differenzierungsspektrum wie etwa die Nuancen von Rosarot bis Violett des Abendhimmels. Wir können mit Kindern über mehr oder weniger gelungene Umweltgestaltung sprechen, um sie für die ästhetische Wahrnehmung ihrer Umgebung zu sensibilisieren:

- Mode
- Werbung
- Zeitungsgrafiken
- Gestaltung von Spielplätzen (in Abhängigkeit von ihrer Funktion)
- Kindergartenarchitektur
- Schulhausgestaltung

Kinder haben eindeutige Präferenzen, wenn es darum geht, Bilderbücher und Illustrationen in Märchen- oder Lesebüchern zu beurteilen. Wir können versuchen, mit ihnen gemeinsam das Traumhafte oder Plakative, das Kitschige oder Erzählerische in Bezug auf die jeweilige Geschichte zu unterscheiden.

zugleich könnte es auch ein positives Miteinander sein, bei dem jeder seinen Tätigkeiten nachgeht (**Abb. 1**). Es lässt sich nicht sagen, ob das Rot und das Orange Lokalfarben sind, das heißt, ob sie auf einen roten Teppich und orangefarbene Tapeten verweisen, oder ob sie symbolisch für eine angenehme, warme Atmosphäre stehen.

Kinder haben Lieblingsfarben, die nicht unbedingt als Sinnbild zu deuten sind. So bedeutet die Farbe Schwarz selten Trauer oder Angst bei Kindern, vielmehr ist es eine gut sichtbare, kontraststarke Farbe auf dem meist weißen Papier. Was die Farben für das einzelne Kind bedeuten, weiß nur das Kind selbst.

2 | Ay-Lin
(4;9 Jahre)

3 | Jonas
(4;5 Jahre)

Arbeitsmittel, Techniken, Medien und der Umgang mit Kunstwerken

- Wie sehen altersgerechte Ausstattung und Rahmenbedingungen aus?
- Welche Techniken und Verfahren sollen Kinder kennen lernen?
- Wie ist das Gestalten mit digitalen Medien zu bewerten?
- Warum brauchen Kinder Kunst?

Arbeitsmittel, Techniken, Medien und der Umgang mit Kunstwerken

Für Kinder ist es ein Vergnügen, verschiedene bildnerische Techniken zu erlernen und entscheiden zu können, welches Verfahren sie zur Umsetzung eines Themas wählen. Sicher ist der schnellste und unkomplizierteste Weg, Papier und Stift zu nehmen, um sich bildnerisch auszudrücken. Doch mit zunehmendem Alter haben Kinder auch Freude daran, komplexere Verfahren, wie z. B. das Drucken mit seinem spezifischen Ausdruckscharakter, anzuwenden. Manche Gestaltungstechniken erfordern viel Vorbereitungszeit und wohl überlegte Arbeitsschritte, die z. B. in Kindergarten und Schule vermittelt werden. Diese können hier nicht dargestellt werden, aber es gibt vielerlei hilfreiche Literatur.

Welche bildnerischen Materialien, Verfahren und Kunstwerke sind für Kinder geeignet?

Kinder benötigen vor allem genügend Material, um vielerlei einfache grafische, malerische, plastische und spielerisch-konstruktive Gestaltungsmöglichkeiten erproben zu können. Grundsätzlich gibt es keinerlei Einschränkungen. Das heißt, es sollte eine Materialvielfalt geboten werden, die das Experimentieren ebenso erlaubt wie eine gründliche Materialkenntnis. Denn es ist beispielsweise ein Unterschied, ob ich mit nassen Farben auf dickem oder dünnem Papier male. Auch die Leuchtkraft der Farben verändert sich je nach gewähltem Untergrund. Oder das Holz reagiert beim Schleifen, Schrauben oder Nageln verschieden, je nach Härte der Holzsorte. Weiche Bleistifte zeichnen anders als harte Bleistifte usw.

Besondere bildnerische Mittel, die der Diskussion bedürfen, sind die digitalen Medien. Der Gebrauch von Mal- und Zeichenprogrammen, dem Internet, digitalen Foto- und Videokameras usw. führt zu neuen Gestaltungsmöglichkeiten und Ausdrucksformen.

Nicht nur die Materialvielfalt bietet entscheidenden Anregungscharakter für das bildnerische Tun des Kindes, auch das Kennenlernen von Kunstwerken spielt hierbei eine wichtige Rolle. Kinder sollten frühzeitig erfahren, dass Kunstwerke – wie auch ihr eigenes bildnerisches Tun – eine besondere Bedeutung haben, die ihnen zugänglich wird, wenn sie sich damit beschäftigen. Die frühe Begegnung mit Kunstwerken hilft, das Rezeptionsvermögen zu üben und auch die Interpretationsfähigkeit des Kindes zu stärken. Darüber hinaus gibt die Auseinandersetzung mit Kunst auch Anstöße für die eigene bildnerische Gestaltung. Mit der Fähigkeit zur Teilhabe an Kunstwerken lernt das Kind, Kunst als kulturelle Errungenschaft zu schätzen.

Welche bildnerischen Mittel für Kinder geeignet sind, wie ein Arbeitsplatz eingerichtet werden kann und mit welchen Gestaltungsideen Kinder zu begeistern sind, wird im Folgenden dargestellt. Der Nutzen der neuen Medien wird ebenso diskutiert wie der sinnvolle Umgang mit Kunstwerken.

Wie sehen altersgerechte Ausstattung und Rahmenbedingungen aus?

Welche Arbeitsmittel und Materialien benötigt das Kind in welchem Alter? Wie muss ein geeigneter Arbeitsplatz organisiert sein?

Das selbstständige Erfahren und Erproben von Farben, Pinseln und anderen Zeichengeräten, plastischen Massen, Holz, Nägeln usw. erfordert eine sorgsame Arbeitsorganisation. In einer Materialüberflutung ist kein Werkstoff mehr interessant, ebenso wie zu wenig Fülle oder auch zu viel Vorbereitungsaufwand die Lust am bildnerischen Tun erheblich schmälern kann. Deshalb sollte in zweierlei Hinsicht geplant werden: Einerseits benötigen Kinder neue Anregungen – das heißt, immer wieder kann ein neues Malmittel oder Arbeitsgerät hinzukommen, sodass die Motivation zum bildnerischen Gestalten neue Impulse erhält. Andererseits muss der Arbeitsplatz so organisiert sein, dass Gestaltungsvorhaben ohne großen Aufwand realisiert werden können. Kinder benötigen darüber hinaus Schachteln, Kisten und Kästen, in denen sie Materialien sammeln und aufbewahren können.

Jede Material- und Formentscheidung bedeutet auch eine entsprechende Sinngebung. Einfallsreichtum, Fantasietätigkeit und Kreativität werden durch diesen Prozess angeregt und gefördert. Konkret heißt das, dass ein vielfältiges, umfangreiches und anregendes Materialangebot Gestaltungsideen und Gestaltungsprozesse positiv beeinflusst. Zugleich benötigen Kinder organisatorische, zeitliche und inhaltliche Spielräume, um ihre Ideen entfalten zu können. Voraussetzung dafür ist jedoch, dass die Kinder ihre Interessen und Ausdrucksbedürfnisse, ihre Ideen und Vorstellungen auch einbringen können. Die genannten Bildungspotenziale, die mit dem Gestalten einhergehen – die Förderung von Vorstellungsvermögen und Symbolbildung, von Kreativität und Intelligenzentwicklung, Fantasietätigkeit und logischem Denken, der Erweiterung des Ausdrucksrepertoires und handwerklich-technischer Fähigkeiten usw. –, können dann in besonderem Maße zum Tragen kommen, wenn das Interesse des Kindes geweckt wird und vielfältige Materialien und Werkzeuge zur Verfügung stehen.

1–3 | Ein reichhaltiges Materialangebot ist Grundlage ästhetischer Bildung.

Grundlegende Gestaltungsmittel: Materialien, Farben, Pinsel und Stifte

Welche Zeichenmaterialien braucht das Kind?

Rosanna zeichnet sechs Leute im fahrenden Auto (**Abb. 1**) – mehr oder weniger deutlich erkennbar. Kurz darauf entdeckt sie einen Goldlackstift sowie Leuchtstifte in Gelb und Rosa. Nach vorsichtigem Ausprobieren variiert sie die Farbwirkungen durch Überlagern und Schraffieren der Farben (**Abb. 2**). Schließlich kommentiert sie: „Das ist die Grube Messel", die sie neulich besucht hatte – eine bekannte Fossilienfundstätte und Weltnaturerbe.

Das unmittelbarste Gestaltungsmittel ist der Stift, der die direkte Umsetzung der konkreten Vorstellung (Leute im Auto) in ein Bild ermöglicht. Doch zugleich wird deutlich, dass ein großes Interesse der Kinder dem Material und der Farbwirkung von Zeichenmitteln gilt.

Kinder benötigen deshalb Zugriff auf vielerlei Untergründe und Formate, auf Bleistifte, Buntstifte und Wachsmalkreiden. Große Papierformate und Pappen, bunte Tonpapiere und stabile Zeichenblöcke erleichtern das Zeichnen. Besonders wichtig ist es, keine billigen Stifte zu kaufen. Solche Stifte brechen leicht ab und besitzen oftmals keine Leuchtkraft. Nicht die Menge des vorhandenen Zeichenmittels ist entscheidend, sondern die Qualität. Ein weicher und ein mittelharter Bleistift sind vollkommen ausreichend, auch fünf Buntstifte in unterschiedlichen Farben. Filzstifte trocknen schnell ein und verblassen, allerdings leuchten sie mehr als Buntstifte. Wachsmalkreiden dürfen nicht zu hart sein, auch hier ist besonders auf die Qualität zu achten, und man sollte sich z. B. für Öl-Pastellkreiden (**Abb. 3**) entscheiden, die weicher als herkömmliche Wachsmalstifte sind. Diese Zeichenmaterialien können Kinder sich zu besonderen Anlässen schenken lassen, nach und nach.

1 | Rosanna (3;9 Jahre)

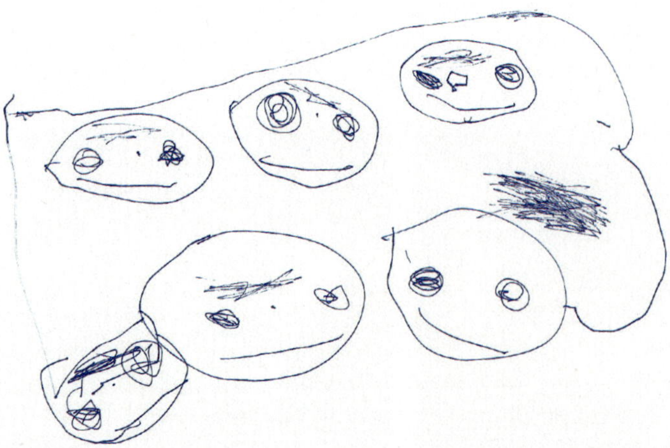

2 | Rosanna (3;9 Jahre)

Mit welchen Farben, welchen Pinseln sollen Kinder malen?

Diese Anforderung an Qualität gilt auch für deckende Wasserfarben. In der Regel sind nur die Markenfabrikate wirklich brauchbar: Die Deckfarben müssen eine gewisse Pigmentdichte haben, um zu leuchten. Ein Farbkasten mit sechs oder zwölf Farben ist jedoch allemal ausreichend. Nicht die Quantität der Farben, sondern die Qualität ist auch hier entscheidend. Die Kinder mischen gerne selbst und lernen, unterschiedliche Farben zu erzeugen. Größere Mengen Deckweiß sind zum Mischen erforderlich.

Zum Malen mit Deckfarben benötigt man verschiedene, einfache, kostengünstige Pinsel. Am besten drei Haarpinsel (fein, mittel und stark) sowie zwei Borstenpinsel (etwa 10 mm und 25 mm). Der Haarpinsel verfügt über eine Spitze, mit der auch feine Linien gezogen werden können, drückt man fester auf, wird der Strich breiter. Mit den Borstenpinseln lassen sich großzügige Flächen und Hintergründe gestalten. Eine spannende Variante ist der Fingerdruck (**Abb. 4**).

3 | Steven (8;3 Jahre)

Ab welchem Alter kann das Kind mit flüssigen Farben hantieren?

Schon einjährige Kinder lieben es, mit Fingerfarben zu hantieren – am besten im Sommer, wenn es draußen warm ist und die Farbe wieder abgeduscht werden kann. Farbige Kreiden nutzen Kinder gerne, sobald sie Spaß am Zeichnen haben. Der Umgang mit Deckfarben erfordert die Koordination von Wasser- und Farbmenge, das geduldige Anrühren der Farbe (bis sich

4 | Klara (7;5 Jahre)

Bläschen zeigen), das Auswaschen des Pinsels usw. Von daher sollte dieses Verfahren langsam ausprobiert und ein wenig geübt werden, sobald das Kind daran Interesse zeigt. Mit Kindern gemeinsam lassen sich Farben selbst herstellen: Tapetenkleister, mit Pigmenten gemischt, lässt sich hervorragend verarbeiten. Oder es wird Pflanzensud gekocht, mit Tee oder Kaffee gemalt usw.

Im Schulalter, wenn sichergestellt ist, dass niemand mehr ausprobiert, wie die Farbe schmeckt, bieten sich Dispersionsfarben für großformatiges Malen an. Die drei Grundfarben Gelb, Rot und Blau sowie Weiß und Schwarz, eingefüllt in Eierschachteln, bieten die Möglichkeit, alle gewünschten Farben selbst herzustellen. Auf einem Teller lassen sich die Farben gezielt mischen: Gelb und Blau für verschiedene Grüntöne usw. Bestimmte Farben wie z. B. Aquarell-, Acryl- oder Ölfarben sind für Kinder nicht geeignet. Sie erfordern eine so spezielle Handhabung, dass nur bei besonderem individuellem Interesse und unter Anleitung der Umgang damit sinnvoll ist.

Welche Arbeitsmittel erfordert das dreidimensionale Gestalten?

Zur Grundausstattung gehören – neben vielerlei Bastelmaterialien – auch plastische Massen. Insbesondere Knete, die leicht formbar ist, sollte in jedem Kinderzimmer, Kindergarten oder Klassenzimmer zu finden sein. Darüber hinaus lässt sich gut mit Salzteig formen, der selbst hergestellt und mit Lebensmittelfarben versetzt oder nach dem Trocknen angemalt werden kann (s. S. 15).

Nele hat zur Stabilisierung ihrer Objekte in die plastische Masse Holz- bzw. Drahtelemente eingefügt, so auch bei ihrem Pferd (**Abb. 1**).

1 | Nele (7;3 Jahre)

Warum benötigt das Kind eine Werkzeugkiste?

Um handwerkliches Geschick zu üben und das Umsetzen konstruktiver Gestaltungsideen realisieren zu können, ist eine kleine Werkzeugkiste sinnvoll, die mindestens mit einem Hammer, einer Kombizange, einem Schraubendreher, Nägeln (mit großen Köpfen) und kleinen Schrauben gefüllt sein sollte.

Sukzessive können sich die Kinder die Werkzeuge zu besonderen Anlässen wünschen. Wenn sie Anregungen und Ideen erhalten, damit umzugehen, wird sich ihre Sicht auf die Dinge des Alltags verändern: Sie beginnen, die Gegenstände ihrer Umwelt nach ihrer Tauglichkeit zum Werken zu beurteilen. Und sie legen entsprechende Materialsammlungen an (Holzreste, Nägel, Stoffreste, Papiere, Schnüre, Federn usw.).

links:
2 | Lilly (6;11 Jahre)

rechts:
3 | Amelie (8;7 Jahre)

Einrichten eines Arbeitsplatzes

Ob zu Hause, im Klassenraum oder im Kindergarten – ein Arbeitsplatz, an dem bildnerisch gestaltet und gewerkelt werden kann, ist für Kinder ein großes Vergnügen und eine sinnvolle Einrichtung.

Wir haben zu Hause keinen Platz für eine künstlerische Werkstatt. Was können wir tun?

Freilich kann ein solcher Arbeitsplatz manchmal auch nur temporär am Küchentisch eingerichtet werden, doch die entsprechenden Materialkisten sollten rasch greifbar sein. Auch in Schule und Kindergarten können Materialregale oder -schränke jederzeit für das Gestalten zur Verfügung stehen. DIN A1 oder DIN A2 große, feste Unterlagen (z. B. Pappen) sorgen dafür, dass eine Arbeitssituation geschaffen wird, die nicht durch die Gefahr, Tische zu verschmutzen, gestört wird. Ein Malkittel sollte ebenso greifbar in der Kiste (Regal, Schrank, Schublade usw.) vorhanden sein wie die nötigen Gestaltungsmittel. Dazu gehören die oben genannten Utensilien (Bleistifte, Buntstifte, Wachsmalstifte, Kreiden, Deckfarben, Pinsel, Papiere und Pappen in verschiedenen Größen und Formaten) sowie diverse Bastelmaterialien und eigens angelegte Materialsammlungen der Kinder.

Wie organisiere ich den Arbeitsplatz richtig?

Eine gute Organisation und Ordnung der Materialien ist Voraussetzung, um mit zwei, drei Handgriffen den Arbeitplatz in eine künstlerische Werkstatt zu verwandeln. Schubladensysteme (z. B. aus Karton, die sich in Regale einfügen) helfen, die Materialien zu ordnen und griffbereit zu haben. Als Arbeitsunterlagen eignen sich großformatige Pappen oder Wachstuchtischdecken.

Mit fortschreitender gestalterischer Beschäftigung entwickeln Kinder ein Gespür für die Dinge, die sie zum Basteln benötigen. Manchmal

Ein ständiges Materialangebot zusammenstellen

- farbige Papiere
- große und kleine Zeichenblöcke
- Kreppbänder
- Seiden-, Bunt- und Transparentpapiere
- Kartons und Pappen
- Schnüre, Stoffe und Wolle
- Holz in diversen Formaten
- Schere
- Werkzeuge
- Nägel, Schrauben und Reißzwecken
- Tacker
- Tesafilm, Kreppklebeband und andere Klebebänder aller Sorten
- Klebstoffe und Holzleim
- Stifte aller Art
- Pailletten
- Goldlackstifte
- Schachteln
- Draht
- Naturmaterialien
- Schwämme, Pinsel und Wasserbehälter

Um Grafit-, Kohle- oder Kreidezeichnungen zu fixieren, damit der Strich nicht verwischt, ist einfaches Haarspray ausreichend statt teurem Fixativ, das im Handel erhältlich ist.

1–2 | Rosanna (3;0 Jahre)

wollen sie Farb- oder Materialkontraste erproben (**Abb. 1** u. **2**), ein anderes Mal werden Spuren durch viele verschiedene Elemente erzeugt, insbesondere um die Funktion eines doppelseitigen Klebebands zu erproben.

Ältere Kinder nutzen die Materialien oftmals funktionaler – wie das Bild von Alex zeigt (**Abb. 3**): Die Lokomotive lässt sich rasch aus dem Stoff ausschneiden, sie steht damit offensichtlich vor dem Hintergrund und hebt sich davon fast plastisch ab. Kleinteiligere Gegenstände wie der Baum, der Lokomotivführer, die Steuerknüppel oder das Radinnere werden gezeichnet, dicke Rauchwolken und die Häuser im Hintergrund mit breitem

3 | Alex (7;10 Jahre)

4 | Claude (8;5 Jahre)

Pinsel angelegt. Auf der Basis seiner Erfahrung mit unterschiedlichen Gestaltungsmitteln kann Alex entscheiden, welches Material und welches Mittel er wofür einsetzt. Das Experimentieren mit den unterschiedlichen Techniken ist die Grundlage für seine eigenständige Entscheidung um die Wahl seiner bildnerischen Mittel.

Um eine breite Auswahl bildnerischer Materialien anlegen zu können, muss die Möglichkeit bestehen, entsprechende Utensilien zu sammeln. Dazu gehören Bilder aus Illustrierten ebenso wie Naturmaterialien, die in Collagen münden können (**Abb. 4**), oder Weingummis, die zweckentfremdet und mit Draht zu Tieren geformt werden können (**Abb. 5**).

Gehören Bücher, Computer und Fotokamera auch zur Gestaltungswerkstatt?

Für ältere Kinder ist eine kleine Medienausstattung zur Organisation des Arbeitsplatzes reizvoll. Neben einer Digitalkamera steht mittlerweile in fast jedem Haushalt ein Computer mit entsprechenden Bildbearbeitungsprogrammen zur Verfügung. Allerdings sollte stets genau bedacht werden, wofür das jeweilige bildnerische Gestaltungsmittel verwendet wird und ob es der gewünschten Darstellung jeweils am besten entspricht: Robert nutzt für einen gleichmäßigen Hintergrund die Füllfunktion der Bildbearbeitung und fügt ein Clipart-Objekt, den Adler, in die Darstellung ein (**Abb. 6**).

Die Einrichtung des Arbeitsplatzes bereichern auch anregende Bücher: Naturkundliche Werke über Pflanzen und Tiere, Nachschlagewerke, Kunstkataloge, Bilderbücher usw. Fotosammlungen sind für Kinder von besonderem Anregungscharakter oder auch sogenannte Reizbilder, die Gestaltungsideen stiften, wie z.B. angefangene Zeichnungen, Farbspuren, Kleckbilder, Muster, Strukturen usw.

5 | Maximilian (7;6 Jahre)

6 | Robert (12;5 Jahre)

Welche Techniken und Verfahren sollen Kinder kennen lernen?

Um Kinder angemessen in ihren ästhetischen Fähigkeiten zu fördern, sollten sie in allen Bereichen kreativen Tuns Anregungen erhalten. Wenn ein Kleinkind stundenlang Steine in einem Gullydeckel versenkt und dem Geräusch lauscht, um die Tiefe zu erkunden und um anhand des Klangs herauszufinden, auf welchen Grund der Stein auftrifft, dann ist diese Art der Tätigkeit eine Form der Welterschließung auf ästhetische Weise. Innere Vorstellungen werden ausgebildet, Kontexte hergestellt und gedanklich verknüpft. Das heißt, ein Bild der Welt entwickelt sich. Wahrnehmungen und sinnliche Erfahrungen, handwerkliches Bauen, Konstruieren, Zeichnen und Malen sind ästhetische Verhaltensweisen, die in ihren verschiedenen Ausprägungen kennen gelernt werden sollten. Nicht jedes Kind interessiert sich für dieselbe Technik, nicht jedem Kind liegt das Zeichnen oder Malen gleichermaßen. Es gibt Kinder, die als ausgesprochen grafische Typen zu charakterisieren sind, die gerne zeichnen, die von der Umrisslinie her denken und Strukturen schaffen, die grafisch lösbar sind. Andere Kinder bevorzugen das farbige Gestalten. Sie denken von Farbwirkungen ausgehend, sie schaffen Farbkompositionen und Kontraste, flächige Muster mit einem oftmals ausdrucksstarken Pinselduktus. Manche Kinder basteln, bauen und konstruieren vorrangig, manchmal ohne jegliches Interesse an einer gegenständlichen Darstellung. Letztlich bedeutet die Unterschiedlichkeit solcher Interessen, dass zahlreiche verschiedene Angebote nötig sind, damit das Kind überhaupt herausfinden kann, welches bildnerische Gestaltungsmittel ihm mehr oder weniger liegt. Freilich können sich solche Interessen auch verändern, doch ein breites Angebotsspektrum an unterschiedlichen Gestaltungsmöglichkeiten sollte in jedem Fall gegeben werden.

Im Folgenden werden einige bildnerische Beispiele vorgestellt, die diverse Gestaltungsvarianten im zweidimensionalen und dreidimensionalen Bereich aufzeigen. Es sollen Ideen vermittelt werden, wie man sinnvoll mit Kindern gestalten kann. Dabei werden sowohl klassische Techniken als auch experimentelle und spielerische Verfahren exemplarisch erläutert. Alle Gestaltungsvorschläge haben etwas mit den Interessen und dem Lebensumfeld von Kindern zu tun. Die Themen kommen in der Regel von den Kindern selbst, sie spiegeln die Träume, Wünsche und Ängste der Kinder ebenso wie das tägliche Erleben von Familie und Freunden, städtischer oder ländlicher Umgebung, jahreszeitlichen Veränderungen und anderen Naturphänomenen. Auch selbst hergestellte Spielobjekte, die handwerkliche Fertigkeiten erfordern und genaues Planen voraussetzen, oder Gestaltungen mit und in der Natur sind gestalterische Gegenstandsbereiche, die Kindern Vergnügen bereiten und die ihrem ästhetischen Vermögen entgegenkommen. Grundlegend ist dabei, dass die altersgemäßen Gesetzmäßigkeiten des kindlichen Gestaltens Berücksichtigung finden. Klischeedarstellungen nach Vorlagen und Schablonen zum Ausschneiden oder Dekorationsobjekte ohne Funktion haben für Kinder keinen Nutzen. Nur eine bildnerische Tätigkeit, die Kinder mit Sinn füllen können, ist eine Bereicherung der Persönlichkeit.

Flächiges Gestalten: zeichnen, malen, collagieren

Woher kommen Symmetrie und Ausgewogenheit in den Bildern?

Wenn Kinder zeichnen, verteilen sie intuitiv die Bildgegenstände weitgehend gleichmäßig in Gewichtung und Kontrast im Format. Zugleich folgt die Anordnung der Elemente im Bild oftmals dem Prinzip der Symmetrie. Laras Darstellung (**Abb. 1**) verdeutlicht diese Symmetrieprinzipien anschaulich – Mutter und Tochter gleichmäßig umrahmt von zwei, den Personen symmetrisch zugewandten Lichtquellen sowie von einer Deckenlampe in der Bildmitte und zwei Bildern mit dunklen Rahmen rechts und links davon. Auch die Hell-Dunkel-Kontraste und die Gewichtung der dargestellten Motive sind ausgewogen: Die große, in kräftigen Farbtönen gehaltene Person, die ein starkes Gewicht in die rechte Bildhälfte bringt, erhält zum Ausgleich in der linken Bildhälfte ein Fernsehgerät. Mittig, im Bildzentrum, steht das Mädchen, das sich selbst gezeichnet hat. Der Bildhintergrund wird mit Punkten versehen, die an Tapetenmuster erinnern.

Auch das Selbstbildnis des siebenjährigen Jungen (**Abb. 2**) zeigt diese Ausgewogenheit in der Darstellung: Ein wenig nach links verrückt, zeichnet sich das Kind in die Bildmitte, ein Baum im Hintergrund rechts sichert das Gleichgewicht im Bild. Das Bedürfnis nach klarer Komposition und Balance resultiert vermutlich aus dem eigenen Körpergefühl: Im Zentrum die innere Mitte, standfest auf der Bodenlinie und symmetrisch

1 | Lara (7;2 Jahre)

2 | Finn (7;7 Jahre)

ausbalanciert, entspricht dies dem eigenen physischen Verhältnis zur Welt.

Wodurch unterscheiden sich Öl-Pastell- und Zuckerkreiden?

Beide Kinder zeichnen mit Kreide. Lara verwendet weiche, leuchtkräftige Öl-Pastellkreiden, die einen gleichmäßig deckenden Farbauftrag gewähren. Finn zeichnet auf farbiges Tonpapier mit bunten Tafelkreiden, die zuvor über Nacht in Zuckerwasser eingeweicht worden sind (1 Esslöffel Zucker auf eine große Tasse Wasser). Dadurch leuchten die Kreiden besser und lassen sich ohne Druck vermalen. Außerdem haften sie gut, weil der Zucker als Bindemittel dient. Beide Kreidezeichnungen sind mit etwas Haarspray fixiert worden. Für das Malen mit Wachsmal- oder Öl-Pastellkreiden sollte mindestens Papier im Format DIN A3 zur Verfügung stehen, für die groberen Zuckerkreiden mindestens DIN-A2-Papier verwendet werden.

Zeichnen

Was ist eine Zeichnung, was ist Malerei?

Auf farbigem, auch auf schwarzem Papier lässt sich mit deckenden Wachsmalstiften leuchtkräftig zeichnen oder malen. Die Übergänge zwischen einer Zeichnung und einer Malerei sind dabei fließend. Wird die Konturlinie betont, spricht man eher vom Zeichnen, entsteht das Bild aus farbigen Flächen heraus, ist von Malerei die Rede. So ist Florians Selbstdarstellung als Rugbyspieler eher eine Zeichnung (**Abb. 1**), Sonjas Gespenst fast schon als Malerei zu bezeichnen, obwohl auch

1 | Florian (7;9 Jahre)

hier die leicht farbigen, linearen Striche den Reiz ihres Bildes ausmachen (**Abb. 2**).

Warum überklebt und übermalt das Kind die Zeichnung?

Was Kinder fasziniert, ist alles, was leuchtet und glänzt: Goldlack- und Silberlackstifte ebenso wie leuchtende Textmarker, Pailletten und Glitzerelemente, die aufgeklebt werden können. Während des Wartens auf eine befreundete Familie mit drei Kindern, die aus Frankfurt kommen sollen, beginnt Rosanna die Autofahrt, die sie kennt, zu zeichnen. Sie kommentiert während der Linienführung die gesamte Strecke, dann zeichnet sie die erwarteten Personen dazu. Während des Gestaltungsprozesses verändert sich ihre Intention: Das Interesse richtet sich zunehmend auf das Ausprobieren von Gold- und Silbertönen,

2 | Sonja (7;3 Jahre)

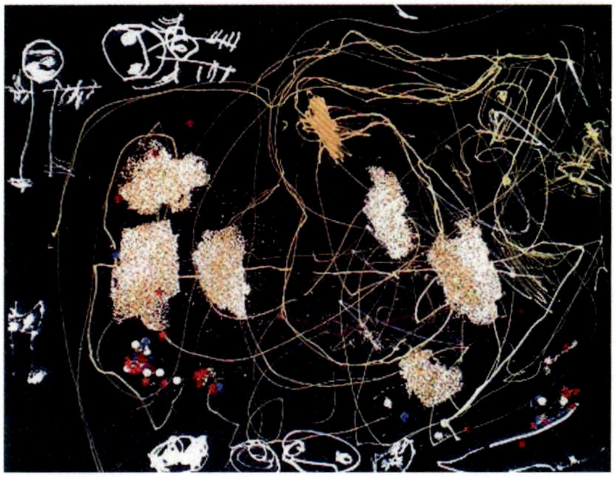

3 | Rosanna (3;10 Jahre)

sie verlangt weiteres „Glitzermaterial". Ohne auf die vorangegangene Darstellung zu achten, werden nun plakativ glitzernde Flächen über das Gezeichnete gesetzt – so lange, bis der Glimmervorrat aufgebraucht ist.

Rosanna übt zunächst ihre Erinnerungsfähigkeit: Sie lässt die ca. einstündige Fahrt in der Vorstellung vorüberziehen, überdenkt die Situation einer Autofahrt und vertreibt sich die Zeit des Wartens. Das gezeichnete Motiv ergibt sich aus der alltäglichen Lebenssituation heraus und greift das Interesse an vermeintlich wertvollen Materialien auf (**Abb. 3**). Denn Gold und Silber – das weiß jedes Kind – haben traditionell einen besonderen Wert. Werden damit doch alle Schatzkisten gefüllt und attraktive Schmuckstücke hergestellt.

Eine andere Art, dem Zeichenmaterial einen speziellen Wert zu geben, ist, das Material selbst herzustellen. Ein spannendes Erlebnis kann es beispielsweise sein, Zeichenkohle selbst zu produzieren (→ **Kasten**).

In beiden Darstellungen werden die bildnerischen Möglichkeiten der Zeichenkohle adäquat genutzt, ein spannungsreiches Spiel von hell und dunkel entfaltet sich: Die Rettungshub-

Zeichenkohle herstellen

Eichen-, Buchen- oder Birkenzweige werden in Aluminiumfolie gewickelt und mehrere Stunden in die Glut eines Feuers gelegt. In Gläser gefüllt, ist der Vorrat an Zeichenkohle gesichert. Die Kohle erlaubt einen kräftigen Strich, starke Hell-Dunkel-Kontraste und lässt sich leicht verwischen. Das Fixieren der Zeichnung, z. B. mit Haarspray, ist unbedingt erforderlich.

1 | Michelle (11;3 Jahre)

2 | Marvin (11;4 Jahre)

schrauber und das brennende Schiff heben sich kräftig schwarz vom hellen Bildgrund ab, das Wasser erhält Bewegung durch die verschiedenen Graunuancen (**Abb. 3**). Die um das Feuer tanzenden Mädchen zeigen sich in der hinteren Reihe kontrastreich mit schwarzen Pullovern und hellen Röcken oder Hosen, während die Hauptperson rechts durch einen umgekehrten Schwarz-Weiß-Kontrast betont wird: schwarze Hosen, weißer Pulli (**Abb. 1**).

3 | Lennard (10;4 Jahre)

Dürfen Kinder mit Feuer Bilder gestalten?

Brandspuren lassen sich in dieser Arbeit erkennen: Lange Holzspäne, ins Feuer gehalten, eignen sich ebenfalls zum Zeichnen. Das brennende Holz kokelt das Papier an und hinterlässt gelbe Spuren, die verbrannte Spitze lässt sich kurzfristig als Zeichenkohle verwenden. So können plastisch anmutende Höhlen gezaubert oder wie hier „uralte" Schatzkarten hergestellt werden (**Abb. 2**). Das Experimentieren mit dem Feuer als Zeichenmaterial erfordert einen kontrollierten Umgang mit dem Element: In jedem Fall muss ein Eimer mit Sand danebenstehen, in den die Holstäbe gesteckt werden können, um das Feuer zu ersticken oder um den Sand über aufloderndes Papier zu schütten. Die Kinder sollten bereits vertraut im Umgang mit Feuer sein, um verantwortungsbewusst reagieren zu können.

Drucken

Leyla
(11;2 Jahre)

Die Druckgrafik ist ein eigenes Gegenstandsfeld im Bereich der bildnerischen Techniken. Zahlreiche Gegenstände unserer Umwelt sind in Bild und Schrift gedruckt: Zeitungen, Bücher, Plakate, Comics, Postkarten, Piktogramme usw. Kleidung, Vorhänge, Tapeten u. Ä. sind bedruckt. Kindern sind nicht nur diese in verschiedenen Drucktechniken gestalteten Alltagsprodukte vertraut, sie kennen auch die Reproduktionsverfahren des Kopierers und nutzen die Möglichkeiten des Computerausdrucks. Die Reproduzierbarkeit von Gestaltetem wird als selbstverständlich wahrgenommen. Zwar ist die Druckgrafik kein Reproduktionsmittel mehr wie etwa noch im 19. Jh., gleichwohl ist es sinnvoll, die Möglichkeit der Reproduktion eines Bildes zu nutzen: etwa zum Herstellen von Glückwunschkarten und Spiel- oder Einladungskarten, zur Illustration von Büchern usw. Die Anmutungsqualität eines Originaldrucks, auf dem der Farbauftrag deutlich sichtbar wird oder die Materialität des Druckstocks noch erkennbar ist, lässt sich nicht durch eine Kopie ersetzen. Grundsätzlich lassen sich vier verschiedene Drucktechniken unterscheiden: der Hochdruck (Farbe liegt auf den erhabenen Flächen wie z. B. bei Holz- und Linolschnitt (**Abb.**), Materialdruck, Weißlinienschnitt, Monotypie), der Tiefdruck (Farbe sitzt in den Vertiefungen des Druckstocks wie z. B. bei Kupferstich, Kaltnadel- und Ätzradierung), der Flachdruck (Farbe haftet auf präparierten Flächen, z. B. Lithografie) und der Siebdruck (Farbe wird durch ein Sieb gedrückt, das nur an bestimmten Stellen durchlässig ist). Druckgrafische Verfahren haben prinzipiell gemeinsam, dass ein Druckstock mit druckbaren und nichtdruckbaren Bereichen vorhanden sein muss sowie Farbe, die auf einen Bildträger gedruckt wird. Damit verbunden ist das Problem der Seitenverkehrung: Das auf dem Druckstock Gestaltete erscheint seitenverkehrt auf dem Bildträger. In ihrer Ausdrucksqualität unterscheiden sich druckgrafische Verfahren vor allem durch die verschiedene Bearbeitung und Materialität des Druckstocks erheblich. Jede einzelne Technik bietet Wirkungen, die durch technische Raffinessen betont werden können und die den Inhalt einer Hervorbringung mitbestimmen. Darüber hinaus sind vielerlei Mischtechniken möglich, die wiederum einen besonderen Ausdruckscharakter begründen. Druckgrafische Verfahren zwingen zur Entschiedenheit in der Linien- und Flächensetzung: Es gibt so gut wie keine Möglichkeit zur Korrektur, denn eine einmal weggenommene Fläche – etwa beim Holzschnitt – lässt sich nicht wieder einfügen. Mehr als in anderen Formen bildnerischer Tätigkeit rückt der Gestaltungsprozess in das Bewusstsein, denn zum einen muss eine präzise Vorstellung des Dargestellten entwickelt werden, um die Seitenverkehrung zu bedenken, zum anderen sind Korrekturen problematisch. Jeder Druck bedeutet eine Überraschung: das Ergebnis ist ein Zwischenschritt im Gestaltungsprozess, der bewusst reflektiert werden muss. Das Gedruckte ist veränderbar und verpflichtet zum Nachdenken über die weitere Vorgehensweise.

1 | Nadine
(7;5 Jahre)

2 | Denis
(6;10 Jahre)

Malen

Beim farbigen Gestalten steht im Vordergrund, die Bildfläche malerisch zu komponieren. Denis wählt verschiedene Techniken (**Abb. 2**): Zunächst werden das Gras und der Baumstamm mit Pinsel und Wasserfarben angelegt, er achtet dabei auf eine lebendige Farbigkeit der Rinde. Es schließen sich einige Äste an. Für das bunte Laub nutzt er den Fingerdruck, wofür er herbstliche Farbtöne mischt. Denis genießt es, den Finger immer wieder in die Farbe zu tunken. Mit feinem Pinselstrich zeichnet er im Anschluss eine Leiter, den Zaun und sich selbst dazu. Für den Hintergrund verwendet er einen dicken Pinsel, damit er sich mit den Blautönen nicht allzu lange aufhalten muss. Auch Nadine gestaltet die gesamte Bildfläche farbig (**Abb. 1**). Ihre Katze, mittig platziert, liegt umgeben von verschieden gemusterten Gartenbeeten auf der grünen Wiese.

Muss denn immer ein Hintergrund gemalt werden?

Freilich müssen Kinder keinen Hintergrund anlegen. Oftmals wählen sie ohnehin farbige Papiere oder Kartons als Bildfläche. Aber viele Kinder haben Freude daran, große Flächen farbig zu gestalten. Allerdings benötigen sie sinnvolles Werkzeug dazu: Mit breiten Borstenpinseln oder kleinen Schwämmen lässt sich die Farbe in kurzer Zeit auftragen, sodass es zu keinem mühsamen Ausmalen kommt.

Das spielerische Experimentieren mit deckenden Farben gelingt besonders leicht mit Dispersionsfarben, die sich in Eierkartons füllen lassen. Auf dem Papier, das mit Klebeband auf Karton befestigt wird, lassen sich die Farben mischen, übereinanderlagern und mit unterschiedlichen Werkzeugen auftragen, um markante Strukturen, Farbmischungen und Pinselspuren zu erzeugen (**Abb. 3**). Oftmals macht es Kindern besondere

3 | Celine (8;5 Jahre)

Freude, gemeinsam Bilder herzustellen und in einen bildnerischen Dialog zu treten (**Abb. 4**).

Warum sind Präsentationen der Werke so wichtig?

Die Rückseite von veraltetem Kartenmaterial wird von den Kindern genutzt, um Bühnenbilder für eine Theateraufführung gemeinsam herzustellen (**Abb. 4** u. **5**). Die Karten hängen am Kartenständer im Hintergrund des szenischen Spiels, das die Begegnungen des kleinen Prinzen mit den Menschen und Tieren auf der Erde darstellt. Sie zeigen die Vorstellung der Kinder von dem Asteroiden, auf dem der kleine Prinz zu Hause ist. Mit sorgfältiger Planung und konzentrierter Ausführung gestalten die Kinder das Bild, das seinen besonderen Wert dadurch erhält, als Bühnenbild ein breites Publikum zu erhalten. Diese Art der Motivation sollte immer wieder genutzt werden, indem wechselnde Ausstellungen in verschiedenen Institutionen (Kindergarten, Schule, Gemeindezentrum, Stadtbibliothek usw.) initiiert werden.

4 u. **5** | Bühnenbild zu „Der kleine Prinz“, Gemeinschaftsarbeit

1 | Alex
(8;2 Jahre)

2 | Sonja,
(10;11 Jahre)

Die Freude am farbigen Gestalten wird in diesen beiden Arbeiten deutlich: Auf großformatigen Hartfaserplatten entstehen Farbmischungen, Farbklänge und -kontraste, die lustvoll aufgetragen sind. Alex' Komposition zeigt Pastelltöne auf dunklem Grund ebenso wie dunkle Farbfelder auf hellem Grund (**Abb. 1**). Das Blatt ist spannungsreich in Farbflächen gegliedert – mit Farben, die sich in großen und kleinen Flächen wiederholen, die fließende oder kontrastierende Übergänge aufweisen und die dadurch miteinander in einen Dialog treten. Das Korrespondieren der Farbzusammenstellungen entwickelt sich Schritt für Schritt und ist ein ständiger Entscheidungsprozess, der neue Farbmischungen und Übermalungen verlangt.

Wodurch zeichnet sich das farbige Gestalten aus?

Sonjas Vulkanausbruch lebt von der Feuersbrunst – rote züngelnde Flammen auf gelbem Grund, im oberen Bereich sind es gelbe Flammen auf rotem Grund – umgeben von flirrendem Funkenflug, der sich langsam in die Dunkelheit hinabsenkt (**Abb. 2**). Für jedes dargestellte Detail (Ausbruch, Funken mit Qualm, das Herabsinken der Glut in der Nacht, die Lava auf dem Berg) wählt Sonja eine andere malerische Ausdrucksweise, die dem jeweiligen Gegenstand adäquat entspricht. Während bei Alex der Malprozess im Zentrum seines Interesses liegt, verknüpft Sonja den gewünschten Inhalt ihres Bildes mit der entsprechenden Malweise. Damit dies wie in Sonjas Darstellung gelingen kann, benötigen Kinder Hilfestellung und Anregung. Denn erst die Erfahrung mit dem Malmaterial erlaubt einen gezielten Einsatz, der die intendierte Aussage entsprechend unterstützt.

3 | Tobias (8;2 Jahre)

Luisa verwendet verschiedene Stifte, Farben und Materialien gleichzeitig. Soll sie besser nur in einer bildnerischen Technik arbeiten?

Flächige Verfahren – wie zeichnen, drucken, malen und collagieren – können in vielfältiger Weise kombiniert werden. Denn daraus ergeben sich neue und ungewohnte Gestaltungs- bzw. Erfahrungsräume. Tobias gestaltet sein Schiff aus Mullbinden und Leinenstoff, auf Karton geklebt und mit weißer Farbe übermalt (**Abb. 3**). Einzelne Attribute wie die Deutschland-Flagge werden angefügt, der Himmel wird blau gekennzeichnet und die Sonne gelb in den Karton geritzt. Ähnlich arbeitet Jasmin: Sie schneidet Formen aus, klebt sie auf, malt und zeichnet dazu (**Abb. 4**).

Collagieren

4 | Jasmin (9;1 Jahre)

Typische Collagen, wie sie in Kindergarten und Schule häufig gefertigt werden, nutzen Buntpapier, das durch Befeuchten selbstklebend wird. Die Kinder können das Buntpapier schneiden oder reißen, um ihre Gestaltungen herzustellen. Architekturelemente – wie in Mias Collage (**Abb. 5**) – lassen sich hervorragend aus Buntpapier

5 | Mia (8;3 Jahre)

1 | Tim
(5;2 Jahre)

2 | Julian
(5;7 Jahre)

ausschneiden und zu den meist geometrischen Gebäuden zusammenfügen. Die gewählte Technik kommt der inhaltlichen Intention, Architektur darzustellen, entgegen. Manches Kind wird sich jedoch fragen, warum es das Buntpapier zunächst mühsam in kleinteilige Stücke zerreißen soll, um diese im Anschluss für die Darstellung eines Mannes mit Hut wieder zusammenzusetzen (**Abb. 1**). Hierfür gibt es keine sinnvolle Erklärung. Die Blume aus geknülltem Zellstoffpapier hingegen gewinnt durch diese Technik Plastizität und macht das organische Wachstum der Pflanze anschaulich (**Abb. 2**).

Max sammelt alle möglichen Naturmaterialien, Papiere, Stoffe, Federn usw. Was kann er damit anfangen?

Das Collagieren ist eng verbunden mit dem Sammeln und Ordnen. Denn das Material für eine Collage muss sorgfältig ausgewählt werden – je nachdem, welches Thema das Kind wählt. Max kann sich verschiedene Themen wählen, die ihn interessieren, und sich überlegen, welche Materialien zu welchem Inhalt passen.

Lautet die Aufgabe beispielsweise, personifizierte Jahreszeiten zu gestalten, fängt die Wahl der bildnerischen Mittel bereits bei der Farbe

links:
3 | Merle
(10;7 Jahre)

rechts:
4 | Felix
(11;8 Jahre)

des Hintergrundes an. Es muss überlegt werden, welche Farben, welche Materialien sich für eine Jahreszeit eignen, welche Pflanzen in dieser Zeit blühen, welche Früchte reif sind usw. Zugleich muss eine Kopfform Gestalt annehmen – mit allen zugehörigen Elementen (Augen, Nase, Mund, Haare etc.). Symbolisch soll die jeweilige Jahreszeit zum Ausdruck kommen. Der gewählte Farbklang muss ebenso zur Jahreszeit passen wie die collagierten Materialien. So wählt Merle für ihre Darstellung des Winters hauptsächlich Blautöne und glatte Materialien (**Abb. 3**), während Felix durch den grünen Hintergrund und die vielen Blüten mit seiner Figur auf den Frühling verweist (**Abb. 4**).

Zudem kann der gestalterische Umgang mit Naturmaterialien anregen, das Verhältnis des Menschen zur Natur auf verschiedenen Ebenen zu reflektieren. Denn das Sammeln von Blüten und Stöcken, Früchten, Steinen und ähnlichen Dingen trägt dazu bei, sich mit Naturphänomenen zu befassen und die Naturwahrnehmung zu schärfen. Das intensive Befasstsein mit Naturphänomenen kann ein sensibleres und bewussteres Verhältnis zur Natur ausbilden.

Dreidimensionales Gestalten: formen, bauen, spielen

Ein wesentlicher Aspekt für die ästhetische Bildung ist das Material, da die Kinder oftmals vom Aufforderungscharakter des Materials fasziniert sind: Steine lassen sich stapeln, Kugeln werfen, Ton lässt sich kneten, Textiles nähen – die Handlungen sind an das jeweilige Material gebunden. Im Produktionsprozess wird das Material zwar verfügbar gemacht, jedoch nur in der Weise, wie es das Material erlaubt, zugleich kann die Form konkrete Ideen und Gedanken anstoßen.

1 | Lea (7;3 Jahre)

Plastisch formen

Plastische Objekte zu formen erfordert von Kindern das Vermögen, ein Objekt von allen Seiten gleichzeitig zu gestalten. Manchmal lässt sich beobachten, dass Kinder das formbare Material wie eine Zeichnung flach anlegen und Körper, Kopf, Arme und Beine additiv aneinanderfügen (**Abb. 1**). Andere Kinder bauen ihre Figur aus den formbaren Segmenten zu einem dreidimensionalen, allansichtigen Gegenstand auf (**Abb. 2**).

2 | Mario (7;8 Jahre)

Felix formt immer nur liegende Figuren. Wie bringe ich ihm bei, dass die Figur stehen kann?

Es ist nicht sinnvoll, Felix zu sagen, er soll jetzt aber mal eine aufrechte Person gestalten. Dann verliert er die Lust und beschäftigt sich mit anderen Dingen. Er merkt, dass er offensichtlich etwas falsch macht, und ist demotiviert. Ausgehend von dem inneren Empfinden, das in eine Gestaltung mündet, wäre es denkbar, mit Felix zu hüpfen, zu springen und zu tanzen – bevor er eine Figur formt. Kindertanzlieder, die für den Körper, die einzelnen Gliedmaßen wie Fingerspitzen und Fußzehen sensibilisieren, führen häufig dazu, dass Kinder wesentlich differenzierter gestalten als üblicherweise. Das intensive Spüren des eigenen aufrechten Körpers könnte Felix animieren, eine stehende Figur herzustellen.

3 | Emma (6;3 Jahre)

Emmas Figurengruppe „Mutter mit drei Kindern" (**Abb. 3**) ist aus einem Stück geformt, so dass keine Einzelelemente aneinandergesetzt werden müssen. Darüber hinaus ist die Skulptur durch Eindrücken von unten hohl und kann gebrannt werden. Die Farbgebung betont einerseits die unterschiedlichen Personen. Die skulpturale Gestaltung aus einem Stück Ton durch Wegnehmen von plastischer Masse verdeutlicht andererseits die Innigkeit zwischen der Mutter und den Kindern.

Gestalten mit plastischen Materialien

Es gehört ein wenig Übung dazu, die formbare Masse (Knete, Plastilin, Ton usw.) in ihren gestalterischen Möglichkeiten zu erkunden. Die Einzelelemente müssen gut miteinander verbunden werden, damit sie nicht beim Trocknen, wenn sich die Masse zusammenzieht, auseinanderfallen. Die Oberfläche lässt sich durch Einritzen und Eindrücken besonders verzieren, andere Materialen können leicht in das weiche Material gesteckt werden. Besonderer Aufmerksamkeit bedarf der Umgang mit Ton, wenn er gebrannt werden soll. Denn keine Wand darf zu dick sein, sonst platzt der Brand. Für keramische Verfahren sollte fachkompetente Hilfe zur Seite stehen.

Schnell trocknende, plastische Masse eignet sich für den spontanen Gebrauch besser als Ton, da die Verarbeitung weniger aufwendig und ohne Zufuhr von Wasser möglich ist. Für jüngere Kinder ist auf eine leichte Formbarkeit zu achten, handelsübliche Knete ist häufig zu hart. Auf einer abwaschbaren Unterlage lässt sich problemlos plastisch gestalten.

Nach dem Trocknen des formbaren Materials kann es mit Wasserfarben oder Dispersionsfarben farbig gestaltet werden. Das Einsprühen mit Sprühlack verleiht den Figuren einen brillanten Glanz.

Kinder haben eigene Vorstellungen, wie sie eine Figur gestalten wollen. Pascals Vogel sollte unbedingt fliegen. Eine Metallkonstruktion sorgt dafür, dass das Tier mit weit ausgebreiteten Flügeln schwebend in der Luft hängt. Kleine Silberkugeln werden als Augen eingesetzt, der

1 | Pascal, (6;2 Jahre)

2 | Rosanna (3;2 Jahre)

Schnabel wird angefügt und mit Rot markiert, bunte Federn schmücken das Gefieder (**Abb. 1**). Rosannas Vogel hingegen sitzt mit prächtig buntem Gefieder auf dem Boden, ein umgehängtes Glöckchen markiert Hals und Kopf (**Abb. 2**).

Um das Sammeln von Fundstücken und Naturmaterialien mit dem plastischen Gestalten zu kombinieren, können beispielsweise halbplastische Reliefs aus Gips (**Abb. 3**) angefertigt werden. Die Kinder benötigen hierfür Tonplatten, die einen kleinen, hochstehenden Rand haben müssen, in die Muscheln, Stöcke, Steine usw. hineingedrückt werden. Eine bestimmte Anordnung der Muster und Strukturen sollte zuvor überlegt werden, sodass eine abwechslungsreiche Gestaltung entsteht. Danach wird der Gips angerührt, in die Tonform gegossen und getrocknet. Nimmt man den Ton ab, ist das Gipsrelief fertig.

3 | Jule (8;5 Jahre)

Ist das Herstellen eines Gipsreliefs nicht viel zu schwierig? Warum soll mein Kind das können?

Für Kinder bedeutet dieses Verfahren eine sorgfältige Planung aller nötigen Arbeitsschritte. Nicht nur die Fundstücke für die Abdrücke müssen zusammengestellt werden. Möglichkeiten der Musterung sollen erprobt, der Gips muss angerührt werden usw. Hierbei erlernen die Kinder, komplexe Handlungsabläufe für den Gestaltungsprozess auszuführen und können jene Sammlungsobjekte, die für sie besonders bedeutsam sind, bildhaft präsentieren.

Mit formbarem Material muss nicht unbedingt gegenständlich gestaltet werden. Sandburgen oder Sandkuchen herzustellen bedeutet, sinnliche Erfahrungen zu sammeln, spielerisch plastische Formen zu entwickeln und zu erkunden, wie das Material reagiert. Das Material wird dadurch oftmals zum Motor für kreatives Tun.

Bauen und konstruieren

Im Unterschied zum Formen erfordert das Bauen und Konstruieren in der Regel das Zusammenfügen bereits vorhandener Teile. So entstehen z. B. aus Draht und Weingummi Tiere (**Abb. 4**). Mit dem Material und der Wahl eines Verfahrens sind Handlungsstrukturen vorgegeben und damit verbunden Erfahrungspotenziale sowie mögliche Bedeutungszuweisungen. Dieses Sinnstiften wächst und verändert sich Schritt für Schritt während des ästhetischen Handelns. So wurden aus Weingummi und Draht zunächst Schmuckstücke gestaltet – Ringe, Halsketten und Armbänder – erst später ist das Tier mit langem Hals, grünem Kopf und Doppelschwanz entstanden.

Oder die Kinder konstruieren zunächst einen Turm, bei dem das Sammeln der Äste und die Konstruktionslösungen im Vordergrund stehen. Doch plötzlich wird der Turm als Behausung wahrgenommen, und die Kinder formen Vögel aus Ton, um sie im Turm zu platzieren: So nisten jetzt Vögel im Turm (**Abb. 5**). Dieses Assoziieren und Umdenken ist als kreative Leistung anzuerkennen und zu fördern. Oftmals verhindern wir Erwachsenen durch unsere festgelegten Vorstellungen, wie etwas zu sein hat, das kreative Tun der Kinder.

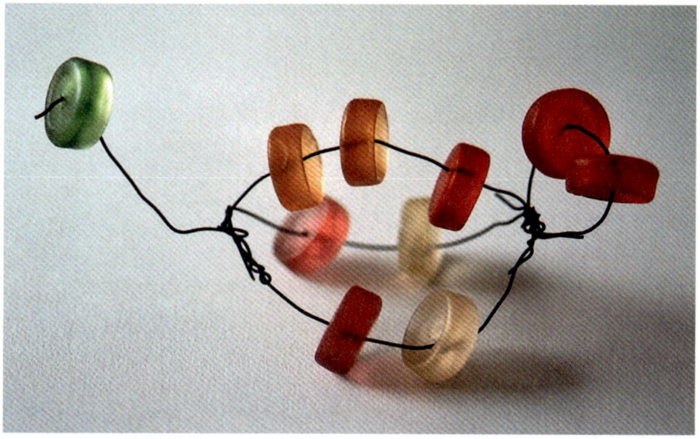

4 | Niklas (7;9 Jahre)

5 | „Turm mit nistenden Vögeln", Gemeinschaftsarbeit

Robin spielt immer nur! Er gestaltet gar nichts richtig, oder?

Bauen und Konstruieren zeigt sich sowohl im Herrichten von Räumen mit Tüchern und Kissen

1 | Nicole
(9;10 Jahre)

2 | Lara
(6;9 Jahre)

unter Tischen und Bänken, im Produzieren von Gegenständen (Türmen, Fahrzeugen, Puppen, Maschinen, Musikinstrumenten usw.) oder aber auch als streng angeleitetes Tun, wie etwa im Modellbau. Gebaut wird mit Alltagsgegenständen, Abfallprodukten, Naturstoffen oder speziellem Spielmaterial (Bauklötzen, Metallbaukästen o. Ä.). Während im Umgang mit Naturmaterialien, Holzresten usw. das entdeckende, fantasiereiche ästhetische Tun im Zentrum des Bauens und Konstruierens steht, werden die Kinder mit industriell gefertigten Bauelementen angeleitet, ihre baulichen und technischen Fertigkeiten zu entwickeln. Dabei werden handwerkliche Fähigkeiten und konstruktives Denken ebenso geübt wie die Fantasietätigkeit und die Vorstellungsfähigkeit.

Lernen Kinder beim Spielen?

Speziell das räumliche Vorstellungsvermögen bildet sich erst recht spät aus – am Ende der Grundschulzeit. Von daher ist es besonders wichtig, die Kinder räumlich gestalten zu lassen. Wichtig ist, z. B. die Perspektive zu wechseln: Wie sieht der Garten aus, wenn du wie ein Vogel von oben darauf schaust? Oder: Stell dir vor, du bist ein Frosch, der die Welt erkundet!

Die Faszination an unterschiedlichen Materialien zeigt sich bei der Gestaltung von Stabfiguren: Die sinnliche Qualität von Fellen, Federn, Textilien weckt die Gestaltungsfreude und regt auch zu ungewöhnlichen Ausdrucksformen an. Aus dem reichhaltigen Materialangebot legt sich Nicole beispielsweise gezielt wenige Dinge für ihre Stabpuppe zurecht: grau-braune Vogelfedern, roten und orangen Stoff. Symmetrisch wird die linke Hälfte mit rotem Tuch ummantelt, die rechte mit Federn versehen (**Abb. 1**). Eine übergroße Nase ziert das geöffnete Gesicht, das durch seitlich angebrachte Augen gekennzeichnet ist. Farbkontraste (leuchtend rot gegenüber dunklen Farben und weiß) sowie Materialkontraste (glatter Stoff gegenüber weichem, flauschigem Fell und zotteligen Federn) ergänzen sich und geben der Form, hervorgehoben durch die zentrale orange Nase, einen kraftvollen und klaren Ausdruck.

Woher kommen die Gestaltungsideen und Themen?

Märchen, Kinderbücher und andere literarische Vorlagen können Anlass sein, eine Identifikationsfigur bildnerisch umzusetzen. Die bekannte Kinderbuchfigur Pinocchio beispielsweise, selbst aus einem Holzscheit von Meister Geppetto geschnitzt, wird hier auf einem Stück Holz gestaltet (**Abb. 2**). Die Figuren werden aufgemalt sowie mit einer langen Nase aus Holz und einem dicken Bauch aus Fäden, die um Nägel gewickelt sind, sowie diversen weiteren Materialien versehen,. Somit zeugen sie von intensivem Gestaltungsinteresse und hoher Motivation, sich mit der literarischen Person zu befassen. Neben der bildnerischen Tätigkeit werden zugleich handwerkliche Fähigkeiten wie der Umgang mit Hammer und Nägeln geübt.

Spielen und experimentieren

Spielen, Experimentieren (**Abb. 4**) und Gestalten gehören für Kinder oftmals unmittelbar zusammen. Das konstruierende Spiel mit Legosteinen (**Abb. 3**) beinhaltet ebenso gestalterische Anteile, wie das bildnerische Komponieren und Bauen

3 | Gebilde aus Legosteinen

4 | Experiment: „Was schwimmt? Was sinkt?“

eines Pinocchios handwerklich-technische Voraussetzungen erfüllen muss. Fließende Übergänge bestimmen das Tun der Kinder: Sie erforschen ihre Umwelt, erproben beispielsweise, welche Gegenstände schwimmen und welche untergehen. Daraus entstehen kleine gebastelte Schiffe, die wiederum zunehmend ausgestaltet werden.

Wenn Kinder spielen und Spielideen bildnerisch verwirklichen, was lernen sie dann?

Aus dem Spiel mit industriell gefertigten Zootieren wächst der Wunsch, ein Haus für die Tiere zu bauen und dieses auch entsprechend farbig zu gestalten (**Abb.**). Oder es ergibt sich die Idee, eine Stadt für Spielfiguren zu gestalten, in der das tägliche Alltagsleben oder auch die verrücktesten Lebensentwürfe gespielt werden können. Das Anderssein wird erprobt, Rollenverhalten eingeübt und Lebensgeschehen verarbeitet.

An solche und andere Spielideen lässt sich anknüpfen: Die Kinder können eigene Spiele entwerfen, komplexe Bau- und Konstruktionsüberlegungen anstellen und Hinweise zur Gestaltung erhalten. Kinder benötigen Anregungen, wie Holz am besten zu verarbeiten ist (sägen mit der Laubsäge, verkleben, schrauben, schleifen usw.), welche Materialien man für welche Intention am besten nutzt und wie eine sinnvolle Ausgestaltung dem Spiel gerecht wird. Sie lernen dabei spielend zu planen und üben handwerkliches Geschick. Wenn ein Spiel dann auch noch funktionstüchtig ist und Freunde und Familie beteiligt werden können, stärkt dies ihr Kompetenzgefühl und Selbstvertrauen ungemein.

Ausgehend von einer eigenständig entwickelten Spielidee wachsen das Interesse und vor allem auch die Anstrengungsbereitschaft der Kinder, ein Spielobjekt zu entwickeln, sorgfältig alle Handlungsvorgänge zu planen und auszuführen. Ganz selbstverständlich wollen sie Holzbearbeitungstechniken erlernen, Farbwirkungen erschließen und sich mit Spielregeln auseinandersetzen.

Marc (8;4 Jahre)

Ein Flipperspiel gestalten

Mit gefalteten Papierkrampen, die mit einem gespannten Gummi geschossen werden, soll die Glocke im Maul des Monsters getroffen werden. Diese Idee eines Flipperspiels verlangt zunächst einen Entwurf für einen Monsterkopf mit aufgerissenem Mund, in den das Wurfgeschoss fliegt. Scharfe, zackige Zähne erschweren das Treffen. Die Zeichnung wird auf eine DIN A4 große, leicht zu bearbeitende Holzplatte übertragen und mit einer Laubsäge ausgesägt. Aus den Abfallstücken werden zusätzlich Ohren, Arme, Hände, Mützen usw. gesägt und mit dem Kopfstück verleimt. Hierfür – wie auch für die weitere Arbeit – sind Schraubzwingen erforderlich. Alle Sägekanten werden sorgfältig gefeilt und mit Schmirgelpapier bearbeitet. Im nächsten Schritt wird die Spielfläche vorbereitet. Vierkantleisten müssen auf die Länge der Bodenplatte ausgemessen und gesägt werden, zwei kürzere Stücke bilden das „Eingangstor" mit der aufgenagelten Gummivorrichtung. Es ist notwendig, die Leisten akkurat zu leimen (mit jeweils zwei Schraubzwingen befestigen), da sie später auch zur Stabilisierung des Kopfteils dienen. Um den Monsterkopf an der Bodenfläche zu montieren, wird ein wenig Holzleim aufgetragen und das Kopfelement mit zwei kleinen Schrauben angeschraubt. Mit der farbigen Gestaltung soll die Spielfläche mitsamt der umlaufenden Vierkantleiste aufgeteilt und gegliedert werden, passend zum Monsterkopf.

Christian,
(11;7 Jahre)

Wie ist das Gestalten mit digitalen Medien zu bewerten?

Zweifellos wird das digitale Zeichnen, Malen, Collagieren, Montieren und Verändern – parallel zum ständigen Anstieg der Computernutzung im Alltagsgebrauch – immer mehr zum bildnerischen Ausdrucksmittel. Kaum eine Einladungskarte ist nicht eigenständig am Computer entworfen. Das technische Hilfsmittel motiviert zur Gestaltung, bietet Darstellungshilfen und vereinfacht mancherlei Bildentwürfe, wofür die eigenen Darstellungsfähigkeiten nicht genügen. Das computergestützte Gestalten kann Anreiz sein, die bildnerischen Kompetenzen zu fördern und das Interesse am bildhaften Ausdruck zu stärken. Damit verbunden erfahren neben der Gestaltungskompetenz zugleich Medienkompetenz, Fantasietätigkeit und Kreativität Ausbildung, die bei manchen Kindern andernfalls eher verschüttet und von anderen Fähigkeiten überlagert werden.

Zugleich sind verschiedene Bedenken gegenüber der digitalen Bildgestaltung ernst zu nehmen: Allein die Begeisterung vieler Kinder an spezifischen Programmoptionen und Effekten, die der Computer zur Verfügung stellt, ihr Experimentierverhalten und die Freude an bildnerischen Strukturen sind noch keine Indikatoren für die Erweiterung des individuellen Ausdrucksvermögens. Es ist fraglich, ob am Computer überhaupt gestaltet werden kann, wenn grundlegende Kenntnisse zu Komposition, Farbe, Perspektive usw. noch nicht gelernt sind, ob Bildbearbeitungsprogramme überhaupt Lernpotenziale bieten oder ob nur Gelerntes angewendet werden kann.

1 | Sara (5;9 Jahre)

Jule sitzt stundenlang am PC und zeichnet. Was fasziniert sie eigentlich daran?

Die digitalen Bildproduktionen zeigen insbesondere dann eine neue Bildsprache, wenn Fotos, vorgefertigte Figurationen und Objekte in die Bilder integriert werden. Selbstporträts können mittels digitaler Fotokameras in ungewöhnliche Umgebungen mit extremen Verschiebungen der Größenverhältnisse oder in virtuelle Welten montiert werden, wie Erics „Selbstporträt mit Lara Croft" zeigt (**Abb. 2**). Präformiertes, Schriftzeichen, Füllmuster, gleichmäßige Füllfarben, Cliparts u. Ä. verbinden sich mit den altersgemäßen Darstellungsformen der Kinder (**Abb. 1**). Simulierte Werkzeuge der Bildbearbeitungsprogramme lassen spezifische Effekte zu, erlauben das Füllen von Gegenständen und Hintergründen per Mausklick mit Farben und Mustern. Vor diesem Hintergrund stellt sich die Frage, inwiefern es sinnvoll ist, den Computer als Gestaltungsmittel

2 | Eric (12;9 Jahre)

zu nutzen. Dass der PC als Mittel zur Informations- und Bildrecherche, zur Werkbetrachtung und Materialbeschaffung hervorragend genutzt werden kann, bedarf keiner Diskussion. Doch warum sollen Kinder am Computer zeichnen, malen, collagieren, verfremden usw. – insbesondere in einer Zeit, in der sinnliche Erfahrungen ohnehin schon Mangelware sind. Müssen nicht gerade solche Erfahrungsdefizite im Umgang mit verschiedenen Materialien zumindest ansatzweise ausgeglichen werden?

Merkmale digitaler Bildgestaltung

Ist das denn ein großer Unterschied, ob das Kind am Computer oder auf dem Papier zeichnet?

Ein wesentliches Merkmal digitaler Bildgestaltung schlägt sich im Herstellungsprozess nieder: Weder das Mal- und Zeichenmittel noch der Bildträger leisten einen – der jeweils ausgewählten Funktion adäquaten – Widerstand. Ganz gleich ob mit der Maus oder dem elektronischen Zeichenstift der Pinsel oder der Kohlestift simuliert wird, ob scheinbar Ölfarbe oder Aquarellfarbe verwendet wird, der (minimale) Widerstand bleibt immer derselbe.

Damit verbunden ist zweierlei: Zum einen ist der für das Herstellen eines bildhaften Produktes typische und oftmals auch notwendige Dialog mit dem Material nur noch eingeschränkt gegeben. Visuell bleibt der Dialog auf dem Bildschirm zwar erhalten, sinnlich und haptisch geht er jedoch verloren. Zum anderen geht mit dem digitalen Gestalten einher, dass der Herstellungsprozess im Verborgenen abläuft, d. h., das direkte Nachvollziehen der Entstehung einer Spur, etwa wenn Kohle mit der Hand auf dem Papier verrieben wird, ist nicht möglich. Herstellungsspuren, die der Materialgebrauch hinterlässt, etwa dass beim mehrfachen Übermalen häufig die Farben an Leuchtkraft verlieren o. Ä., existieren beim digitalen Zeichnen oder Malen nicht. Während normalerweise jeder Produktionsschritt eine Spur verursacht und damit das Material bzw. die Gestaltung verändert, kann das Computerbild beliebig oft verändert werden, ohne dass es zu Materialveränderungen kommt. Irgendwann ist beim skulpturalen Arbeiten kein Stein oder Holz mehr vorhanden, das Papier ist zugemalt oder

1 | Ronja (6;4 Jahre)

ein Loch hineinradiert usw. Beim Arbeiten am Computer ist das Material kein sinnliches Gegenüber, das die Formgebung im traditionellen Sinne steuert und damit zur Gestaltung zwingt. Weil sich während des Herstellungsprozesses viele Zeichenspuren verlieren oder sich Bildelemente durch Füllfunktionen zusammenschließen und verschmelzen, wirken die Bildergebnisse oftmals anders als gewöhnliche kindgemäße bildnerische Produktionen und vor allem weniger altersadäquat. Während sich der Entstehungsprozess beim traditionellen Gestalten am Material meist am fertigen Werk noch rekonstruieren lässt, besteht beim digitalen Ausdruck keine Möglichkeit des Nachvollzugs.

Mit den verschiedenen Programmen, die zur digitalen Bildbearbeitung zur Verfügung stehen, (u. a. Paint, Fine Artist, Art Dabbler, Photo Styler, Kid Pix, Photoshop usw.) werden Gestaltungsmittel angeboten, die sich in ihren Programmfunktionen ähneln: Man kann Stiftstärke und Farben verändern, verdoppeln, klonen, Flächen füllen, radieren, transparente Übergänge herstellen usw. Diese Programmspezifik schlägt sich in der kindlichen Bildsprache und im ästhetischen Verhalten nieder:

Die Kinder nehmen den Bildraum als Tiefenraum mit offenen Grenzen nach allen Seiten hin wahr, da sich das ganze Bild im Monitor bewegen lässt. Einzelne Bildelemente können übereinandergeschoben, übermalt und verändert werden. Besonders deutlich zeigt sich dieses Phänomen an den vielen Überschneidungen der einzelnen Bildelemente sowie an deutlichen An- und Ausschnitten der Bildgegenstände oder der gesamten Darstellung.

Die Computerprogramme bieten eine Vielzahl verschiedener bildnerischer Mittel und Effekte, die die Kinder in ihre Zeichnungen und Malereien mit Begeisterung aufnehmen und die zu motivischen und formalästhetischen Neuerungen führen. Ronja z. B. scannt zunächst ihre Hand, bevor sie sie übermalt (**Abb. 1**).

Die Funktionen des Radierens und Rückgängigmachens einzelner Schritte führen dazu, dass der Zeichenprozess nicht mehr sichtbar ist. Man kann die Entstehung eines Bildes nicht mehr vergegenwärtigen und von daher häufig auch nur ansatzweise verstehen.

Die Bewegungen der stift- oder mausführenden Hand sind oftmals ungelenk, zudem existiert eine zeitliche Verzögerung zwischen aktiv hinterlassener zeichnerischer Spur und dem Erscheinen der Spur auf dem Bildschirm. Allerdings: Der Umgang mit dem Zeichenmittel ist Übungssache, und wenn die Rechnerkapazität ausreicht, erscheint die gezeichnete Spur in Echtzeit auf dem Bildschirm.

Die Kommunikation der Kinder, die meist zu zweit vor einem PC sitzen, ist häufig ungleich intensiver als beim traditionellen Malen und Zeichnen. Die Kinder unterhalten sich über das Produzieren von Bildern, über Bildwirkungen, Ausschnitte oder motivische und formale Strukturen, die interpretiert und bewertet werden.

Mediale Interessen – virtuelle Träume

Wie wirkt sich das digitale Gestalten auf das Vorstellungsvermögen aus?

Angesichts der täglichen Bilderflut und des Medienspektakels sind die Schwächung der Einbildungskraft, das Schwinden der Poesie und die Bilderarmut des inneren Sinnes häufig beklagte Symptome. Doch gerade die Vorstellungsfähigkeit kann trainiert werden, wenn aktiv und konstruktiv mit virtuellen Bildern gearbeitet wird und wenn wir an den Interessen und Ausdrucksbedürfnissen von Kindern anknüpfen.

Die digitale Bildgestaltung kann ebenso wie das traditionelle Gestalten dazu beitragen, die inneren Bilder zu wecken, die Fantasietätigkeit anzuregen und die Imaginationsfähigkeit zu stärken. Mit dem Gestalten findet möglicherweise ein langsames Herantasten an noch unbewusste Fantasievorstellungen statt. Einbildungen und Umbildungen können hervorgerufen werden. Im ästhetisch-praktischen Entstehungsprozess emotional geprägte, zum Teil irreale Bilder können allmählich ermittelt und entfaltet, mitgeteilt und verarbeitet werden. Es besteht die Chance, die verrücktesten Dinge unzensiert zum Ausdruck zu bringen. Medial verbreitete Horrorszenarien können aufgegriffen und konstruktiv umgestaltet werden (**Abb. 2**). Eine Unmöglichkeit nach der anderen kann lustvoll ausgestaltet werden, oder auch Bilder zum Träumen können entwickelt werden.

Spielerisches Erproben programmspezifischer Effekte kann die digitale Bildgestaltung anregen und Blockaden, die beim herkömmlichen Gestalten insbesondere bei Pubertierenden vorhanden sind, überwinden. Einfache Übungen können z. B. mit dem Einscannen von farbigen Untergründen oder verschiedenen Materialen wie Laub, Wurzeln, Sand, industriell gefertigten, interessanten Oberflächen usw. beginnen, die anschließend bearbeitet werden. Für die weitere Bildentwicklung lassen sich beispielsweise stark vergrößerte Ausschnitte wählen, die man farblich oder durch Effekte verändert. Anknüpfend an die musikalischen Interessen der Schülerinnen und Schüler lassen sich – passend zur ausgewählten Musik – selbst hergestellte Farbspiele mit einer Videokamera aufzeichnen, die anschließend großflächig auf eine Leinwand projiziert werden. Mit den Schattenwürfen des eigenen Körpers beim Tanz – am besten in weißer Kleidung – können kuriose und witzige bildnerische Wirkungen erzeugt werden, die Spaß machen und Gestaltungsprozesse auslösen.

2 | Tom (13;5 Jahre)

Wann darf das Kind den digitalen Fotoapparat oder die digitale Videokamera benutzen?

Hierfür gibt es keine Regel. Sobald Kinder Interesse an diesen Gestaltungsmitteln zeigen, sollten sie sie auch nutzen dürfen. Lediglich der Umgang mit den Geräten muss sorgfältig geübt werden,

1 | Videoperformance, Gemeinschaftsarbeit

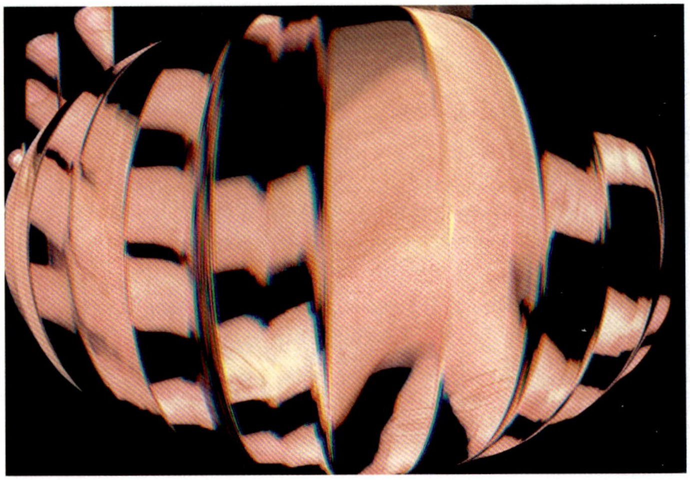

2 | Johannes (11;6 Jahre)

damit nichts kaputtgeht. Es ist außerordentlich interessant zu beobachten, welche fotografischen Ausschnitte und Blickwinkel insbesondere kleinere Kinder für ihre Fotos wählen. Daran zeigt sich ihr ästhetisches Interesse in hohem Maße.

Für das Filmen mit der Videokamera sind ein paar Regeln zu beachten, um Verwackeln und schnelle Schwenks zu vermeiden und Geschichten spannungsvoll zu entwickeln (**Abb. 1**). Ein großes Vergnügen bereitet Kindern bereits im Grundschulalter die Produktion von Trickfilmen. Hierfür ist allerdings eine digitale Videokamera mit Einzelbildaufnahmen notwendig. Knetfiguren, die sukzessive verformt werden, können sprechen lernen oder sich von einem Menschen in ein Tier verwandeln. Gegenstände, auf dem Tisch verschoben, beginnen zu tanzen oder Stofftiere durch das Wohnzimmer zu laufen.

Das widersprüchliche Verhältnis von sinnlich wahrgenommener und medial konstruierter Wirklichkeit kann mit älteren Kindern beispielsweise mit der in Auflösung begriffenen Hand thematisiert werden: Wird die Hand auf den Scanner gelegt und dabei bewegt, entstehen „gestreifte" Bilder, die dann je nach bildnerischer Konzeption weiterbearbeitet werden (**Abb. 2**). Ähnliches lässt sich freilich mit jeglichen Objekten herstellen, die man auf den Scanner legt (z. B. Tassen, Stifte, Scheren, Kleider usw.). Diese Methode, ein Bild zu beginnen, nimmt die Scheu vor dem erscheinungsgetreuen Abbild eines Gegenstandes, da dieses leicht zu produzieren ist. Ein weiterer Weg, der den Zugang zum bildnerischen Tun ebnen kann und der sich mit fachspezifischen Anliegen verknüpfen lässt, ist der Einsatz von digitalen Fotokameras. Die Aufnahmen tragen die gegenständliche Welt in die virtuelle Wirklichkeit des Computers hinein und bieten ein Bilderreservoir für die eigene digitale Bildherstellung. Ob persönliche Sehnsüchte oder gesellschaftliche Utopien, Wunschvorstellungen oder Zukunftsträume – die digitalen Fotos und ihre Veränderung durch Collagieren und Montieren, Einfügen und Verschmelzen erlauben eine Vielzahl an Varianten, die individuellen Ausdrucksbedürfnisse zum Vorschein zu bringen.

3 | Anca (12;2 Jahre)

Was lernen Kinder über Medien?

Mit der digitalen Bildbearbeitung werden Einblicke in die Mechanismen und Strategien von Medienbildern (Werbung, Fernsehen, Zeitschriften) ermöglicht. Die Kinder können erkennen, dass Veränderungen an Medienbildern vorgenommen werden, diese aber rekonstruierbar wären. Außerdem kann deutlich werden, dass es möglich ist, aktiv virtuelle Welten selbst zu gestalten.

Mitteilungsbedürfnis und Experimentierfreude

Mitteilungs- und Ausdrucksfunktionen kommen in der spontanen Zeichnung mit dem Stift auf Papier unmittelbar zur Geltung. Komplexe Material- und Technikvorgaben verhindern hingegen oftmals die direkte bildnerische Hervorbringung von individuell bedeutsamen Inhalten. Das bedeutet, dass sich inhaltliche Interessen vorwiegend im Umgang mit traditionellen Mitteln niederschlagen, der Computer als Gestaltungsmittel ist eher zur experimentellen Erprobung von bildnerischen Mitteln und grafischer Gestaltung geeignet.

Noah sitzt oft am PC und malt oder zeichnet, aber nichts Erkennbares. Wieso nur?

Beim traditionellen Malen und Zeichnen dominiert im Grundschulalter ein gegenständliches Darstellungsinteresse, das konkreten Ausdruckswünschen folgt. Doch die digitale Bildgestaltung schärft den Blick auch für den Prozesscharakter des konventionellen Gestaltens: Immer wieder gibt es Schülerinnen und Schüler, die von den materiellen, farblichen und kompositorischen Gegebenheiten stark fasziniert sind. Beispielsweise werden Auspuffgase, die Autos beim Fahren hinterlassen, als Bewegungsspuren umgesetzt – so lange, bis die Qualmwolken alles andere überlagern –, oder der Stift, der zunächst einen Zug gezeichnet hat, wird plötzlich selbst als Spielobjekt zum Zug und fährt lustig auf dem Papier herum, bis alles „vollgekritzelt" ist.

Manche Kinder streben von vornherein gar kein bildnerisches Ergebnis an, sondern erproben lustvoll Kritzelzeichen, Effekte, Bewegungsspuren usw. (**Abb. 1**). Durch das Experimentieren,

1 | Anna (5;7 Jahre)

die Neugierde auf mögliche Effekte sowie Überraschungen, die unbekannte Programmoptionen mit sich bringen, sind die Kinder vom Prozess des Malens und Zeichnens so fasziniert, dass konkrete bildnerische Vorhaben in Vergessenheit geraten. Für viele Kinder steht das spielerische, nicht am Ergebnis orientierte Handeln am Computer im Zentrum. Das Darstellungsinteresse ist an Bildwirkungen und Bildveränderungen orientiert.

Mit der motorischen Lust und der Freude am entstehenden Bild verbindet sich wiederum ein weiterer grundlegender Gedanke: Kompetenzgefühle entstehen u. a. durch Anstrengung beim Hervorbringen von etwas. Von daher muss gefragt werden, ob diese Erfahrungen auch am Computer gewonnen werden können. Er verlangt weder körperliche Anstrengung noch lässt er den Widerstand des Materials spüren. Der Computer bindet zudem die Konzentration nicht mehr ganzheitlich sinnlich (sondern nur visuell) und lässt jeden Gestaltungsschritt rückgängig machen.

Inwiefern kann tatsächlich etwas produziert werden? Oder ist der Computer vielmehr ein Mittel zur Umgestaltung und Bearbeitung von bereits Vorhandenem? Werden Bilder hauptsächlich digital manipuliert statt entwickelt?

Auch wenn sich diese Fragen nicht eindeutig beantworten lassen, kann doch festgehalten werden, dass die Aufmerksamkeit der Kinder für die bildnerischen Mittel beim digitalen Gestalten entwickelt wird. Denn aufgrund der im Mal- und Zeichenprozess jeweils wieder neu und bewusst zu treffenden Entscheidung für die Werkzeugoptionen (Formatwahl, Zeichenwerkzeug, Linienstärke, Farbe, Füllmuster, Schatten, Ausschnitt, Verwischen oder Verdoppeln von Ausschnitten usw.), ist davon auszugehen, dass die Wahrnehmung auf bildnerische Qualitäten gelenkt wird (**Abb. 2**). Allerdings besteht bei der Verwendung von Cliparts oder Motiven aus dem Internet die Gefahr, dass die Kinder lediglich Klischees reproduzieren und nicht zu individuellen, differenzierten Bildlösungen finden. Dadurch erfährt das Ausdrucksvermögen keine Ausbildung, und es geht eine wesentliche Funktion des Zeichnens möglicherweise verloren: Wirklichkeit bildnerisch zu verarbeiten und symbolische Vorstellungen zu entwickeln. Hier gilt es, die Kinder zu unterstützen, beispielsweise indem sie lernen, Cliparts selbst herzustellen.

Digitale und traditionelle Bildgestaltung bereichern sich gegenseitig – haben sie doch zum Teil unterschiedliche Funktionen. Freilich liegt es auf der Hand, dass etwa zur emotionalen Mitteilung ein Medium gewählt wird, das direkt, spontan und ohne komplizierte Technik die intendierte Darstellung erlaubt – wie dies mit Stift

2 | Nadine
(5;10 Jahre)

und Papier möglich ist. Im Spiel mit den bildnerischen Mitteln am Computer wird das kindliche Bewusstsein für Gestaltungselemente und bildnerische Problemlösungen verstärkt geschärft. Für den Computergebrauch spricht nicht nur die Ausbildung von Medienkompetenz im Herstellen von Bildern und im Erkennen von Bildmanipulationen, sondern auch die langfristige Möglichkeit, das zeichnerische und malerische Gestalten zu fördern. Denn viele Kinder geben im Übergang zur Pubertät ihre Zeichentätigkeit deshalb auf, weil ihre Darstellungsfähigkeiten nicht ihren komplexen Bildvorstellungen, ihrem Mitteilungs- und Ausdruckswillen entsprechen. Der Computer könnte ein geeignetes Hilfsmittel sein, diese Diskrepanz zwischen Darstellungsvermögen und Bildkonzept zu überbrücken.

Warum brauchen Kinder Kunst?

Kinder sind Spielexperten, die dadurch eine besondere Bereitschaft aufweisen, sich auf Kunstwerke einzulassen. Sie betrachten Kunst mit spielerischem Interesse und dem Verlangen, Sinn herzustellen. Kunstwerke spiegeln historische Gegebenheiten, Lebensentwürfe, Rollenverhalten usw. Deshalb kann der Umgang mit Kunstwerken dazu beitragen, sich andere Lebensentwürfe vorzustellen und sich Neuem, Fremdartigem, Unbekanntem zu nähern. Das Unverständliche verlangt nach Klärung, und darum sind Kinder selten verlegen. Sie weisen vielfältige Fähigkeiten auf, dem Rätselhaften nachzuforschen und zu fantasievollen Sinnschöpfungen zu gelangen. Dabei darf es jedoch nicht bei einem oberflächlichen Entschlüsseln des Motivs bleiben, sondern Material, Farbe und Form betreffende Verknüpfungen sollten hergestellt und Bedeutungszuweisungen erörtert werden.

Kunst ist so schwer zu verstehen, mir sagt das oftmals gar nichts! Wie sollen da Kinder Kunst verstehen? Und wie soll ich mit Kindern Kunst betrachten?

Das Sprechen über Kunst, das Sichhineinversetzen in Stimmungen usw. hilft, sich und andere zu verstehen. Oft treten Kinder der Ungewissheit und Ambivalenz von Kunst mit außergewöhnlicher Imaginationskraft, Flexibilität und Spontaneität gegenüber. Vor allem jüngere Kinder weisen eine besondere Fähigkeit auf, sinnlich-unmittelbar auf Kunstwerke zu reagieren, und sie sind in der Lage, offen und fantasievoll das künstlerische Objekt zu erschließen. Darum ist es von größter Bedeutung, bereits im Vorschulalter die intensive Beschäftigung mit Kunst zu forcieren. Wenn Kinder spüren, dass die Kunstbegegnung mit Reproduktionen oder besser noch mit Originalen in Kirchen, Museen und Galerien eine Bereicherung und ein Vergnügen ist, wird sie die Kunst ein Leben lang begleiten.

Nicht nur wegen der aktiven Teilhabe an unserem kulturellen Erbe ist die Beschäftigung mit Kunstwerken nötig, sondern auch, um Impulse für die eigenen Ausdrucksmöglichkeiten zu erhalten. Denn für die eigene bildnerische Tätigkeit bietet die Kunst zahlreiche Anregungen und Ideen, insbesondere wenn man an Kunstformen des 20. und 21. Jahrhunderts denkt. Durch das Kennenlernen von verschiedenen Gestaltungsmöglichkeiten und künstlerischen Strategien kann das Ausdrucksrepertoire von Kindern entscheidende Anregungen erfahren. Impulse, die von Kunstwerken für das eigene Gestalten ausgehen, regen nicht nur durch bestimmte Motive die Schaffenskraft an, sondern auch durch Anreize zum Fantasieren oder durch den Umgang mit bestimmten Materialien, auch durch das Erproben verschiedener Verfahren oder den Bezug zur eigenen Lebenswelt.

Will man die mannigfaltigen ästhetischen Potenziale von Kindern fördern, gilt es, bei dem altersspezifischen ästhetischen Verhalten anzusetzen und Angebote zu machen, um dieses zu erweitern. Ebenso wie Sprache durch Hören in Kombination mit Sprechen, Schreiben und Lesen ausgebildet wird, ist es notwendig, das bildnerische Vermögen auf möglichst vielfältige Weise zu fördern – unter anderem auch durch die Beschäftigung mit Bildender Kunst und ästhetischen Alltagsphänomenen.

Zur ästhetischen Erfahrung

Was verstehen Kinder von der Kunst?
Ist Kunst nicht viel zu komplex für Kinder?

Die üblichen Vorbehalte gegenüber der Vermittlung von Kunst gelten der fehlenden kognitiven Reife, um die vermeintlich komplexen Sachverhalte eines Kunstwerkes zu verstehen. Kinder haben noch kein oder nur geringes historisches Bewusstsein, und sie verfügen nicht über das nötige künstlerische Können zur Realisierung adäquater bildnerischer Lösungen. Gegenüber dieser Argumentation muss man sich allerdings fragen, ob diese Fähigkeiten tatsächlich nötig sind, um einen Zugang zum Kunstwerk zu erlangen. Ist es nicht viel entscheidender, den Kindern ein positives emotionales Verhältnis zur Kunst zu vermitteln? Wenn z. B. ein Kind freudestrahlend im Unterricht berichtet, dass es im Schaufenster ein Bild gesehen hat von einem Künstler, den es kennt, oder von einem Werk, mit dem im Unterricht bereits gearbeitet wurde. Das Wiedererkennen oder das Herstellen von persönlichen Bezügen sowie inhaltliche Kenntnisse, die sich eingeprägt haben, sind für einen individuellen Dialog mit Kunstwerken notwendig und nicht eine stilgeschichtliche Reflexion oder eine Reflexion des historischen Abstands. Mit der ästhetischen Erfahrung am Kunstwerk steht das subjektiv Bedeutsame im Zentrum, das das Verständnis für Kunst auslöst. Für diese Erfahrung sind die Kinder durchaus zugänglich. Nur die Stufe des Begreifens ist bei den Kindern anders als bei Erwachsenen: Das am Werk Erkannte ist weniger umfassend und kenntnisreich, das Besondere wird weniger vom Allgemeinen unterschieden und umgekehrt, die kindliche Sichtweise ist von dem subjektiven Blickwinkel geprägt. Einzig ein kritisches ästhetisches Urteil, das kunstwissenschaftlicher Fundierung bedarf, ist für Kinder nicht möglich – ebenso wenig wie für den Laien. Ausgehend vom altersadäquaten Entwicklungsstand kann das Verstehen im Sinne eines persönlichen Zugewinns ein gewaltiger Lernschritt sein. Denn das Maß potenziellen Verstehens ist nicht zu definieren: Ausgangspunkt des Verstehens sind immer die individuellen Voraussetzungen des Subjekts. Eine kritische Einschätzung der künstlerischen Qualität können Kinder nicht leisten. Das zum Vergleich u. a. nötige Bildergedächtnis muss kontinuierlich aufgebaut und die Abstraktionsfähigkeit entwickelt werden. Wenn Kinder sich aktiv handelnd mit Kunstwerken auseinandersetzen, können sie verschiedenen Sinnschichten nachgehen, und das Erfahrene prägt sich mit den individuellen Bezügen zusammen ein. Hierzu ein Beispiel:

Vor dunklem Hintergrund zeichnen sich menschliche und tierähnliche Fratzen ab, zum Teil auch ungegenständliche Formen. Die figürlichen Elemente sind im Auflösen begriffen, sie verschmelzen mit den expressiven Farbflächen und Pinselspuren. In diesem Spannungsverhältnis der Andeutung gegenständlicher Formen und autonomer Linien und Flächen kann sich ein imaginäres Fantasiespiel entfalten: Immer neue merkwürdige Wesen werden sichtbar. Mit der Dynamik der kraftvollen Pinselführung im Farbauftrag, unterschiedlichen Richtungswechseln sowie dem Aufeinandertreffen verschiedener Farbkontraste verbindet sich der Eindruck eines turbulenten Gefüges von Gestalten, die sich in der tiefen Nacht bewegen.

1 | „Geliebte Viecher in der Nacht" Asger Jorn, 1967–68, Öl auf Leinwand

2 | Celina (8;8 Jahre)

Was versteht Celina an dem Werk von Asger Jorn?

Auch auf dem Bild von Celina, das sie nach der Beschäftigung mit dem Werk von Asger Jorn (**Abb. 1**) gemalt hat, verdichten und überlagern sich Farben und Formen, Bewegung wird sichtbar (**Abb. 2**). Gesichter, Fratzen, Masken, Tiere und andere Figuren sind erkennbar. Mit zügigem Pinselstrich aufgetragen steht die Farbe zum Teil dick im Bild. Doch der Eindruck der Spontaneität mag täuschen, denn Farben und Formen werden gezielt gesetzt: Es gibt kaum ungewollte Farbmischungen oder ineinandergelaufene Farbspuren. Auch die kompositorische Anordnung ist sorgfältig bedacht: Komplementär- und Hell-Dunkel-Kontraste, die die Blickführung lenken. Celina, die achtjährige Urheberin des beschriebenen Bildes, arbeitet lange, selbstvergessen und angespannt an ihrem Werk, übermalt einiges immer wieder, bis sie erschöpft und ein wenig erleichtert fertig ist. Zu ihrem Bild bemerkt sie, dass sie manche Figuren aus ihren Träumen kennt.

Viele Kinder neigen in diesem Alter zu Schemazeichnungen, die nur geringen dynamischen Charakter aufweisen. Offenbar wurden durch die Erfahrung mit dem Werk „Geliebte Viecher in der Nacht" andere Ausdruckspotenziale geweckt: Im Zusammenspiel von Farben mischen und auftragen, Motive entwickeln, die sich ihrerseits wieder aus Farbflächen, -spuren usw. ergeben, Farben auswählen und in Korrespondenz zu anderen setzen usw. kommen andere Gestaltungsfähigkeiten – und damit verbunden spezifische Mitteilungsmöglichkeiten – zum Vorschein. Intuitiv hat das Kind die Ausdruckskraft, die es mit der Bewegung und der Dynamik in der künstlerischen Arbeit gespürt hat, in seinem eigenen Bild umgesetzt. Die emotionale Wirkung und Ausdruckskraft von Jorns „geliebten Viechern" ist in der Arbeit des Mädchens zu spüren: Bewegung, Dichte und Farbigkeit der Gestaltung, die unheimlichen Figuren, der Farbauftrag und das gegenseitige Ineinandergreifen der Formen sind unverkennbar. Ohne die intensive ästhetische Erfahrung am Werk von Asger Jorn wäre es weder zu dieser – für die Altersgruppe ungewöhnlichen und doch ganz individuellen – Formensprache gekommen, noch hätte sich Celina in dieser spezifischen Weise mit ihren subjektiven Träumen und Fantasien beschäftigt.

Überlegungen zur Werkauswahl

Was interessiert Kinder an der Kunst?

Wirklichkeitsgetreue Darstellungsweisen mit plakativer Farbgebung, auf denen die Bildgegenstände gut erkennbar sind, einfache Kompositionen und Überschaubarkeit sind immer wieder genannte Kriterien zur Bildauswahl für jüngere Kinder. Tierdarstellungen oder Kinderbildnisse gelten als besonders altersgemäß geeignete Kunstwerke. Das ist zwar einerseits richtig, weil sich Kinder für ihre unmittelbare Lebenswelt stark interessieren, andererseits werden hierbei jedoch weitergehende Interessen von Kindern ausgeblendet. Ebenso wie Kinder nicht nur malen und zeichnen, sondern ein breites Spektrum ästhetischen Verhaltens aufweisen, sind sie auch bei der Kunstbetrachtung an Handlungsabläufen, Produktionsverfahren und Materialien neben den üblichen Themenfeldern interessiert. Eine besondere fachliche Eignung kommt solchen Kunstwerken zu, die einen subjektiven Zugang möglich machen. Celinas Träume und Fantasien kommen im Umgang mit Jorns „Geliebten Viechern in der Nacht" zum Ausdruck. Der Aufforderungscharakter von Materialien und künstlerischen Verfahren, Bildergeschichten, Bezüge zur Lebenswelt, neue Wahrnehmungserlebnisse und Differenzerfahrungen, der Reiz des Fantastischen usw. können sinnvolle Anknüpfungspunkte zur Auseinandersetzung bieten.

Alexander ist fasziniert von Tapies' Werk „Bett" (**Abb. 3**). Er untersucht begeistert die verschiedenen Materialien und Produktionsverfahren: grobes Leinen auf Karton geklebt, übermalt, in den Karton geritzt, darübergezeichnet, dicke Pinselspuren, weiße Flächen, Schriftzeichen, Ziffern usw. Weißes Bettlaken wird durch die Verwendung von Stoff assoziiert, schon ist das Bildthema erschlossen. Begeistert hantiert der Junge mit ähnlichen Materialien, Mull, weißer Farbe, er untersucht die gestalterischen Qualitäten des Kartons und entwickelt eine Rettungstreppe zu seinem Segelboot (**Abb. 4**). Auch er nutzt die Assoziationskraft des textilen Materials als Segeltuch.

3 | „Bett "(Diptychon) Antoni Tapies, 1988, Mischtechnik auf Karton

4 | Alexander (9;2 Jahre)

3 | „Frau, die ein Kind trägt" Pablo Picasso, 1953, bemaltes Holz

von links nach rechts:
1 | Leon (10;7 Jahre)
2 | Karlotta (8;11 Jahre)

Das Material sowie das Bildthema stehen im Vordergrund bei der Auseinandersetzung mit Picassos Werk „Frau, die ein Kind trägt" (**Abb. 3**). Aus Holz gesägt, genagelt und verleimt, entwickeln die Kinder unterschiedliche Figuren mit dem Motiv „Mutter und Kind" (**Abb. 1** u. **2**). Sowohl der Junge als auch das Mädchen positionieren das Kind vor dem Bauch der erwachsenen Person. Die emotionale Nähe zwischen den Personen wird dadurch symbolisch zum Ausdruck gebracht. Während der Junge sein Werk lieber anmalt, hat das Mädchen große Freude daran, die Figuren zu bekleiden.

Mit welchen Methoden sollen Kinder Kunstwerke kennen lernen?

Die handelnde Auseinandersetzung ermöglicht vielfältige Zugänge zu einem Werk. So kann bereits das Spiel einer Urwaldszene im Schattentheater die Beschäftigung mit einem Gemälde von Max Ernst beflügeln: Surreale Welten bieten kuriose Pflanzen und Tiere, die es zu überwinden gilt. Das Werk wird hierfür auf Folie kopiert und liefert auf dem Overhead-Projektor das Bühnenbild dieser Szene.

Spielerische Zugänge zu Kunstwerken befördern das Hinschauen, das genaue Wahrnehmen und die Suche nach Sinn im Werk. Die Kinder lernen mit Kunstwerken umzugehen, sie fragen nach, äußern Wünsche, was sie anschauen möchten, und erobern sich damit sukzessiv die Welt der Kunst. Sie lernen nicht nur verschiedene Künstlerinnen und Künstler, Stilrichtungen und Epochen kennen, sondern üben auch, sich mit einem Werk zu befassen und es zu interpretieren.

Ausgehend von eigenen Erfahrungsbereichen, hier einem Rollenspiel zur Familiensituation (**Abb. 4**) sowie Darstellungen der eigenen Familie (**Abb. 5**), können sie auch andere Familienmuster kennen lernen, z. B. historische Familienkonstellationen, die im Unterschied zu der eigenen Alltagssituation untersucht werden können. Soziale Gegebenheiten können hier-

4 | Rollenspiel „Familie" (2. Schuljahr)

bei ebenso diskutiert werden wie Rollenmuster, die sich mit den Jahrhunderten verändern, gesellschaftliche Normen und Lebensentwürfe in verschiedenen Zeiten.

Künstlerische Themenbereiche, die außerhalb des kindlichen Erfahrungshorizontes angesiedelt sind, wie z. B. die kunstphilosophische oder die bildnerische Autonomie der Kunst betreffende Fragen, sind wenig zur Vermittlung geeignet. Ein Zugang zu diesen Kunstwerken ist schwierig, wenn nicht ein anderer, unmittelbarer Bezug für das Kind an dem Werk im Vordergrund steht. Das heißt, die Frage nach der Werkauswahl richtet sich auf das Potenzial, das die Erfahrung am Kunstwerk für das Kind bietet. Sich wiederzuerkennen oder auch Differenzen zu anderen festzustellen, Motive aus der eigenen Lebenswelt, Fantasien oder Träumen zu entdecken, bereitet Kindern ebenso Freude wie die verwendeten Materialien und Produktionsweisen. Andererseits sollte ebenfalls überlegt werden, inwieweit die kindlichen Interessen mit Lerninhalten verbunden werden können.

oben:
5 | Kim (8;7 Jahre)

6 | „Die Familie Werbrun" Simon Meister, 1834, Öl auf Leinwand

Bildungschancen

Was kann am Kunstwerk gelernt werden?

Kinder reagieren offen, neugierig und interessiert auf Kunstwerke. Sie befassen sich mit großem Wissensdurst mit den Darstellungen, weil sie mit dem festen Willen, die Welt zu erkunden und zu verstehen, auf alles Neue zugehen. Sie benötigen Widerständiges und Fremdes, um sich kontinuierlich auseinanderzusetzen und damit auch weiterentwickeln zu können. Sowohl historische als auch aktuelle Werke der Bildenden Kunst können helfen, sich und andere besser zu verstehen, weil irritierende, ungewöhnliche oder fremde Motive und Darstellungsweisen das Nachdenken über das eigene Verhältnis zur Wirklichkeit anstoßen können. Fremdes auszuhalten und andere Lebensvorstellungen zu akzeptieren bedeutet, Toleranz zu üben.

Wie spreche ich mit Kindern über Kunst?

Kunstwerke sind vielschichtig angelegt. Das heißt, es können verschiedene Bedeutungsperspektiven an einem Werk erschlossen werden. Freilich lassen sich mit Kindern nicht alle Bedeutungsebenen erfassen, allein der Zugang und die ästhetische Erfahrung am Werk sind jedoch relevant. Dennoch macht es Kindern Freude, Bildwirkungen zu erkunden, Botschaften zu entschlüsseln und Sinnzusammenhänge zu entwickeln. Warum ist oben links im Hintergrund des Familienporträts von Simon Meister ein Schloss angedeutet? Warum hat Pablo Picassos „Frau, die ein Kind trägt" zwei Gesichter? Warum malt Asger Jorn seine Fratzen und Gesichter so unkenntlich? Im gemeinsamen Dialog Sinn zu erschließen und Bedeutung zu stiften, ist ein spannendes Ereignis, das mit ein wenig Übung dazu beiträgt, die Sprache von Bildern zu verstehen. Immer neue Verstehensbereiche können sukzessiv hinzugewonnen werden: Symbole erkennen, Kontraste beschreiben, Dynamik und Spannung, die durch die Verwendung bestimmter bildnerischer Mittel entstehen, erkennen und verbalisieren, künstlerische Intentionen nachvollziehen und historische Zusammenhänge einschätzen können.

Mit jüngeren Kindern steht zunächst im Vordergrund, dass sie lernen, Fragen zu entwickeln und zu vergleichen. Ihre Unvoreingenommenheit und Neugier kann genutzt werden, um frühzeitig Zugänge zu historischen und aktuellen Kunstwerken herzustellen, die eine gewisse Offenheit auch gegenüber unkonventionellen Ausdrucksformen bewahren. Mit älteren Kindern, die in ihren Vorstellungen zum Teil schon enger festgelegt sind, sollte das Sprechen über Bilder dazu führen, dass sie lernen, Ausdrucksintentionen und Wirkungen von Bildern zu beschreiben sowie Bedeutungen zu assoziieren und zu interpretieren.

Nicht nur das Betrachten von Kunstwerken, verbunden mit dem Darüber-Sprechen, ist von besonderer Bedeutung, sondern auch der aktiv handelnde Umgang damit. Durch die eigene bildnerische Tätigkeit können gestalterische Intentionen nachvollzogen werden. Zugleich erhalten die Kinder Anregungen, ihr eigenes Ausdrucksrepertoire zu erweitern. Sie können Werke erfinden, umdeuten und verfremden, Themen aufgreifen oder sich an Materialien und künstlerischen Produktionsweisen orientieren. Damit wird das eigene bildnerische Können weiterentwickelt.

Die praktische Auseinandersetzung mit Kunst bedeutet nicht, Bilder einfach nachzuge-

1 | Daniel (9;6 Jahre)

2 | „Torturm I“ Lyonel Feininger, 1923–26, Öl auf Leinwand

stalten. Vielmehr kann z. B. die Darstellung des eigenen Wohnortes aus Transparentpapier für die Gestaltung der Klassenzimmerfenster Anlass zur Beschäftigung mit der Malerei von Lyonel Feininger sein (**Abb. 1** u. **2**): Wie sind die Größenverhältnisse zwischen Figur und Architektur? Welche Farben verwendet der Künstler? Wie sind die Farbübergänge gestaltet? Wo kommt das Licht her? Wie fühlt sich die Person in der gebauten Umgebung? Warum verfremdet Feininger Gebäude und Menschen? Das Kunstwerk kann mit den eigenen Transparentbildern verglichen und es kann über die Unterschiede zum eigenen Lebensraum gesprochen werden. Mit welchen bildnerischen Mitteln (Komposition, Bildaufteilung, Farbgebung, Proportionen, Kontraste usw.) gelingt es Feininger, eine bestimmte Atmosphäre zu erzeugen?

1 | Robin (10;4 Jahre)

2 | „Gelb-Rot-Blau" Wassily Kandinsky, 1925

Kunst vermittelt Anregungen, verschiedene ästhetische Ausdrucksweisen zu erproben und eigene Vorstellungen und Gedanken weiterzuentwickeln. Ungewöhnliche Darstellungsformen von Themen, die auch die Kinder berühren, zwingen zum Nachdenken und Umdenken.

Die Darstellung von Wassiliy Kandinsky eröffnet ein breites Assoziationsspektrum (**Abb. 2**). Um einen Einstieg in das Gespräch über dieses Werk zu erhalten, bekamen die Schülerinnen und Schüler eines vierten Schuljahres einen Bildausschnitt, den sie aufkleben, weiterzeichnen und ausmalen sollten (**Abb. 1**). Mit großem Vergnügen haben sie im Anschluss die vorgegebenen Formen im Bild wiederentdeckt und begonnen, die Farbgebung, den erkennbaren Kopf und die verschiedenen, zum Teil an kosmische Formen erinnernden Bildelemente zu beschreiben. Im Dialog wurde erarbeitet, dass die in spritzigen, Geist sprühenden Gelbtönen gehaltene Kopfform dem himmlischen, übersinnlichen Blau, das Unendlichkeit und Ruhe ausstrahlt, kontrastreich gegenübersteht, verbunden durch warme, erdige Rottöne – als Basis des Lebens.

Bild-Lesekompetenz

Kunstwerke kommen für die Vermittlung vor allem dann infrage, wenn sie mit altersgemäßem ästhetischen Verhalten korrespondieren – bauen, spielen, malen, experimentieren usw. Deshalb können die Materialreize, Handlungsimpulse und Lebensweltbezüge zeitgenössischer Kunst oft zur Beschäftigung mit Kunst anstiften. Das gestalterische Nachvollziehen von bestimmten Produktionsverfahren, die das Ausdrucksrepertoire der Kinder erweitern, entspricht bei einigen Ausprägungen von Gegenwartskunst eher den technischen Realisierungsmöglichkeiten als wirklichkeitsgetreuen Darstellungsweisen historischer Kunst, die in hohem Maße handwerkliches Können erfordern. Komplizierte Entschlüsselungen beispielsweise von Symbolen und Allegorien, wie sie für das Verständnis von historischen Bildwerken zum Teil notwendig sind, können mit ausgesuchten Werken aktueller Kunst umgangen werden. Zeitgenössische Kunst bezieht sich häufig auf die Themen unserer Lebenswelt, beschäftigt sich mit sozialen und ökologischen Fragen usw., sie befasst sich also u. a. mit Inhalten, die auch für Kinder von großem Interesse sind, weil sie ihre Lebenssituation betreffen. Alltagsbezüge ermöglichen eher subjektive Zugänge und erfordern weniger das Überbrücken des historischen Abstands.

Wieso hilft Kunst bei der Alltagsbewältigung?

Noch ein weiterer Aspekt spricht für die Beschäftigung mit aktueller Kunst: Kindern wird heute eine ungleich größere Anstrengung als bisher abverlangt, um sich in den disparaten Lebenswelten zurechtzufinden, weil z. B. klare Leitbilder fehlen. Sie können in der Auseinandersetzung mit Kunst Optionen für mögliche, selbst konstruierte und selbstbestimmte Lebensmodelle erhalten. Denn Kunstwerke – Malereien, Skulpturen, Installationen – spiegeln Lebensentwürfe und können Vorbildfunktion besitzen. Gerade wenn Orientierungen und Wertmuster verloren gehen, scheint die Auseinandersetzung mit Lebensentwürfen aus der Kunst sinnvoll, um sich selbst zu verorten, um die eigenen Identitätskonstrukte infrage zu stellen, kritisch zu prüfen und neue Konstrukte zu integrieren. Denn: Identität basiert auf inneren Bildern, Vorstellungen, Fantasien und entwickelt sich auch durch die Auseinandersetzung mit äußeren Erscheinungen, Metaphern, Symbolen und Erzählungen. Mit der Vielfalt des Erlebens, gefördert durch die ästhetische Bildung, können sich die Kinder positiv entwickeln – eigeninitiativ, selbstbestimmt und von Ich-Stärke getragen –, vorausgesetzt, wir knüpfen bei den Interessen und Bedürfnissen der Kinder an und nehmen ihre bildnerischen Ausdrucksformen ernst.

Das Schöne an der Auseinandersetzung mit einem Kunstwerk ist, dass sie immer Neues bietet, weil es keinen eindeutigen Sinn oder Gehalt geben kann. Der Dialog mit Kunst und über Kunst bedeutet, dass Eindrücke in Sprache gefasst werden, dass Aussagen über Wirkungen begründet werden, Absichten abgeleitet und Einzelelemente, wie Materialien, Motiv, Gegenstände, bildnerische Mittel usw., in größere Zusammenhänge eingeordnet werden. Darüber hinaus gilt es, gestalterische Strukturen zu erkennen, Motive Themen zuzuordnen, zu kategorisieren sowie gesellschaftliche Kontexte zu erschließen, in die ein Werk eingebettet ist. Diese Fähigkeiten sind identisch mit jenen, die unter dem Stichwort „Lesekompetenz“ bekannt sind – zwar in Bezug

1 | „Vier Hände"
Georg Baselitz, 1984,
Öl auf Leinwand

2 | Tobias
(7;9 Jahre)

auf das Erschließen von Texten und nicht von Kunstwerken. Doch die Strategien, beispielsweise diskontinuierliche Texte zu verstehen, die sich auf Quellen, Tabellen oder Karten stützen, sind durchaus mit jenen vergleichbar, die notwendig sind, um sich dem Sinngehalt eines Kunstwerks anzunähern. Sowohl für die Lesekompetenz wie auch für die Bild-Lesekompetenz gibt es zwei entscheidende Kriterien: erstens die Fähigkeit, Informationen aus Unbekanntem und Komplexem zu ermitteln, diese zu interpretieren und zu bewerten, sowie zweitens, sich neue Themen anzueignen.

Die Beschäftigung mit Baselitz' „Vier Händen" (**Abb. 1**) hat Tobias animiert, seine Hände auf einem Bogen Papier mit Bleistift zu umfahren und dann auszumalen (**Abb. 2**). Hierfür verwendet er, analog zum Gemälde von Baselitz, die Komplementärfarben Rot und Grün. Die Hände berühren sich. Wir sprechen über Freundschaft, über das Händeschütteln als Begrüßungsritual und das Streicheln als Geste der Zuneigung.

3 | Kim (7;4 Jahre)

Was heißt Bild-Lesekompetenz?

Der Umgang mit Kunstwerken verlangt von Kindern dieses Vermögen, aus simultan erscheinenden, komplexen Gebilden, die zunächst fremd und unverständlich wirken, Sinn zu entwickeln und sich mit neuen Themen zu befassen. Das Erschließen von Bedeutung im Bild erfordert, nichtlineare Strukturen miteinander in Beziehung zu setzen und flexibel zu denken.

Will man Sinnzusammenhänge herstellen, sind Kenntnisse über die jeweiligen Inhalte hilfreich. Bedeutungskontexte werden recherchiert, Wissen und Kenntnisse finden Anwendung. Zugleich aber fließen subjektive Anmutung und emotionale Betroffenheit in die Kunsterfahrung ein, Sinnessysteme, Vorstellungen und Erinnerungen werden aktiviert. Insbesondere die eigene bildnerische Produktion trägt dazu bei, die spezifischen Wirkungen eines Kunstwerks zu entdecken und zu erschließen. Deshalb beinhaltet die Begegnung mit Kunst eine Vielzahl von Bildungschancen auf verschiedenen Ebenen und erlaubt Erkenntnisse, die nur im Dialog mit Kunstwerken zu gewinnen sind. Hierdurch wächst die Bild-Lesekompetenz der Kinder.

Ein Museumsbesuch, der die unmittelbare Anmutungsqualität des Originals spüren lässt und eine spezifische räumliche Atmosphäre vermittelt, ist ein wichtiges Erfahrungsmoment für die Begegnung mit Kunst.

Förderung von Gestaltungsprozessen und Bildkompetenzen

- Welche Anregungen und Impulse sind sinnvoll?
- Wie sind bildnerische Resultate zu verstehen?
- Welche Aufgaben und Ziele verfolgt der Kunstunterricht in der Grundschule?

Förderung von Gestaltungsprozessen und Bildkompetenzen

Fördern ja – aber wie? Was müssen Kinder wann können?

Die gestalterischen Aktivitäten von Kindern entwickeln sich aus ihrem inneren Erleben, sie werden gespeist von Neugierde und Wissensdurst und sind Voraussetzung für die Vorstellungsbildung, Kreativität, Fantasie, Intelligenz usw. Um den Gestaltungsdrang von Kindern zu fördern, wurden bereits vielerlei Bedingungen genannt: ein breites Materialangebot, ein geeigneter Arbeitsplatz, unterschiedliche Gestaltungsmittel sowie die genaue Beobachtung und Wertschätzung der kindlichen Interessen und ihres ästhetischen Vermögens.

Diese Art der Förderung basiert auf dem Gedanken, dass Kinder aus sich heraus und mit Freude bildnerisch tätig sind, was in der Regel auch der Fall ist. Dennoch ergeben sich immer wieder Situationen, in denen Kinder stark verunsichert reagieren und konkreter, individueller Förderung bedürfen: Jüngere Geschwister verlieren den Mut, zu zeichnen, wenn die älteren sagen: „Das ist doch nur Gekritzel!" Oder es werden in Kindergarten und Schule so eng gefasste Themen gestellt, dass das Kind den Spaß am bildnerischen Gestalten verliert. Schlimmer noch ist es, wenn die Kinder mit dem Zeichnen und Malen ruhiggestellt werden sollen. Sie merken sofort, wenn die eigentlich befriedigende Tätigkeit für andere Zwecke instrumentalisiert wird. Dann kann es lange dauern, bis die Lust wiederhergestellt, das Interesse geweckt und das Selbstvertrauen wieder aufgebaut ist. Eine gute Kenntnis der kindlichen Bildsprache hilft, Begabungen in bestimmten Entwicklungsphasen zu erkennen und Kinderzeichnungen besser zu verstehen.

Die entscheidende Frustrationshürde für einen andauernden Genuss an Gestaltungsprozessen ist die Pubertät. In dieser Zeit sind die Jugendlichen oftmals unzufrieden mit ihrem Darstellungsvermögen und verlagern ihre Interessen beispielsweise auf Musik, Tagebuch schreiben, Computer spielen, Mode oder Sport. Eine mögliche Ursache für diese Verlagerung der ästhetischen Interessen liegt vermutlich darin, dass sie keine für ihr Alter und ihre Bedürfnisse angemessenen bildnerischen Ausdrucksweisen kennen gelernt haben. Fördern heißt in diesem Fall, den Kindern von klein auf ein breites Repertoire an bildnerischen Ausdrucksmöglichkeiten in verschiedenen Materialien und Verfahren zur Verfügung zu stellen und sie mit Kunstwerken jeglicher Art vertraut zu machen.

Außerdem helfen in Zeiten, in denen das Selbst neu Fuß fassen und sich gegenüber der Erwachsenenwelt abgrenzen muss, die mit dem bildnerischen Tun erworbenen Fähigkeiten, eigene Lösungsansätze zu entwickeln. Selbstständig zu strukturieren und zu ordnen, etwas mitzuteilen, in Kontexte zu stellen und seiner Intuition zu vertrauen, kreativ und fantasievoll, experimentell und neugierig zu sein, sich zu behaupten, ebnen damit die Wege der Identitätsbildung. Auch wenn ein direkter Zusammenhang zwischen kindlichem Zeichnen und jugendlichem Sturm und Drang nicht offensichtlich ist, tragen doch die Erfahrungen in gestalterischer Produktion und der Kunstrezeption zur Stabilität und Sicherheit mit sich und anderen bei.

Zusätzlich bedingt ein weiterer Aspekt die Selbstgewissheit der Person: Mit dem bildnerischen Hervorbringen von etwas gehen Kompetenzgefühle einher, die das Selbstbewusstsein stärken. Allerdings muss mit zunehmendem Alter auch ein Lernfortschritt an das Gestalten geknüpft sein, sonst verliert sich der Kompetenzgewinn. Das heißt, Kinder brauchen Anforderungen und Herausforderungen auch im Fach Kunst. Einfach nur das schönste Urlaubserlebnis zu malen, erlaubt keinerlei Kompetenzerwerb. Bildnerisches Können zeigt sich in pfiffigen bildnerischen Lösungen ebenso wie in handwerklichen Fertigkeiten, in Bildersammlungen wie im Umgang mit Kunstwerken. Fördern heißt also auch, Kindern Kenntnisse in Produktion und Rezeption zu vermitteln.

Welche Anregungen und Impulse sind sinnvoll?

Wie soll ich auf die Zeichnungen meines Kindes reagieren?

Ursachen von Zeichenfrust können mangelnde Motivation, fehlende oder falsche Bestärkung oder auch eine missverstandene Darstellung sein. Leonie hat ein Bild gemalt (**Abb.**) und fragt nun ihre Mutter: „Wieso siehst du nicht, dass das meine Weihnachtsgeschenke sind?" Kinder sind schnell enttäuscht, wenn wir nicht erkennen, was sie zeichnen, oder sie für etwas loben, für das sie sich gar keine Mühe gegeben haben. Geringes Selbstvertrauen in die eigene Zeichenfähigkeit entsteht, wenn an den Darstellungen unqualifiziert herumgenörgelt wird: „Zeichne doch noch die Arme!" „Du hast die Hände vergessen!" „Der Schornstein ist aber schief!" Solche Aussagen besagen lediglich, dass der Erwachsene von der kindlichen Bildsprache rein gar nichts versteht. Das Kritisieren in dieser Art demotiviert die Kinder und führt zur Stagnation des bildnerischen Tuns.

Leonie (3;5 Jahre)

Konstruktive Kritik wird von Kindern jedoch sehr wohl geschätzt, denn diese bedarf der Nachfrage, der Beschäftigung und des Interesses an dem Dargestellten. Kinder lieben es, wenn man sich mit ihren Gestaltungen befasst und nicht nur im Vorübergehen „Schön!" sagt. Sie merken genau, wann Interesse und Anteilnahme oder wann oberflächliche Zustimmung und Abnicken erfolgen. Sie benötigen Rückmeldungen, die von ernsthafter Auseinandersetzung zeugen. Die Zeichnungen und Malereien, Bauten und Sammlungen können Anlass zu Gesprächen werden, in denen wir etwas über die Kinder erfahren. Anteil nehmen heißt auch, dass Kritik geübt werden darf – z. B. in Bezug auf mangelnde Anstrengungsbereitschaft – oder dass nachgefragt wird hinsichtlich der dargestellten Erzählung. Von Vorteil sind differenzierte Anmerkungen zu verschiedenen Bildelementen, wenn diese besonders gut gelungen sind, andere vielleicht weniger usw.

Allerdings sollte sich solche Kritik nicht auf die kindliche Bildsprache beziehen, denn diese folgt eigenen Gesetzmäßigkeiten, die kaum veränderbar oder gar korrigierbar sind. So richtet sich beispielsweise die Größe der Proportionen nach der Bedeutung für das Kind oder die Darstellung folgt dem Bedürfnis nach Prägnanz. Die kindliche Bildsprache folgt ihrer eigenen Logik – und diese verändert sich altersgemäß und individuell verschieden. Wir können das Kind jederzeit fragen, was ihm bei seiner Gestaltung nun besonders wichtig war, um in einen Dialog zu kommen und herauszufinden, was es ausdrücken wollte. Daraus erschließen sich vielerlei Darstellungsweisen, z. B. abstrahierte Figuren oder Formen, die wir sonst nicht auf Anhieb verstehen könnten.

Neben der Kritik sind Lob und Bestärkung für Kinder außerordentlich wichtig. Sie benötigen Anerkennung in ihrem Tun. Verbale Rückmeldungen bestätigen das Kind und wirken motivierend. Doch nicht jeder produzierte Strich darf positiv hervorgehoben werden. Gestalten ist wie Spielen, wofür auch nicht permanent gelobt wird. Zeichnen und Malen, Basteln und Bauen, Formen und Konstruieren sind intrinsisch motiviert, das heißt, die Gestaltung kommt von innen heraus, weil sie Befriedigung und Genuss verschafft.

Zeichenlust und Zeichenfrust

Luisa ist seit drei Monaten in der Schule. Zeichnen und Malen mag sie seither nicht mehr. Woran liegt das?

Die sogenannte intrinsische Motivation ist ein empfindliches Gebilde, das leicht gestört werden kann. Beispielsweise können zu viel Lob und Belohnung demotivierend wirken, weil das Gestalten dann als Zwang empfunden wird. Manchmal hören Kinder, die immer mit Begeisterung bildnerisch tätig waren, abrupt auf, zu gestalten, wenn sie in den Kindergarten oder die Schule kommen. Es kommt dann zu einem Verlust der intrinsischen Motivation, wenn das Kind z. B. merkt, dass es zeichnen soll, um Ruhe zu geben und still zu sitzen. Oder es erhält permanent eine Belohnung für etwas, was keiner Mühe bedarf bzw. woraus für das Kind kein erkennbarer Kompetenzgewinn entsteht.

Eine andere Ursache von Zeichenfrust ist Langeweile, weil keine Anforderungen gestellt werden, oder – das andere Extrem – wenn die Anforderungen zu hoch sind. Insbesondere die Fremdbestimmung verhindert Gestaltungsprozesse, wenn eine Aktivität nicht mehr selbstbestimmt durchgeführt werden kann und das Kind sich kontrolliert fühlt, z. B. durch in Aussicht gestellte Belohnung. Materielle Belohnungen haben meistens kontrollierenden Charakter, verbale beinhalten in der Regel informative Rückmeldungen für das Kind, weshalb das anerkennende Gespräch in jedem Fall der materiellen Belohnung vorzuziehen ist, weil es positiv verstärkt. Lob, Anerkennung und Belohnung sollten in Verbindung mit entsprechender Kompetenz oder einem Zuwachs an Kompetenz stehen, andernfalls fühlt sich das Kind nicht ernst genommen.

Julian
(3;1 Jahre)

> **Gestaltungsimpulse geben**
>
> Für Wartepausen in der Schule, das Stillsitzen im Restaurant oder im Kindergarten sollten anregende Impulse gegeben werden, die das Interesse und die intrinsische Motivation entfachen:
> - eine neue Herausforderung, z. B. bestimmte Formen zu ergänzen
> - ein neues Material wie Stoffe und Schnüre
> - ein Notizbuch und Klebstoff zum Sammeln und Einkleben
> - ein Kunstbuch zum Blättern usw.

Wenn auf Anweisung gezeichnet werden muss, wirkt sich dies negativ auf die intrinsische Motivation aus (z. B. in Kindergarten oder Schule). Kinder spüren die Manipulation und den instrumentellen Charakter der Aufforderung, wenn kein sinnvolles Thema oder kein Lerngewinn in Aussicht gestellt wird.

Kinder benötigen Impulse, die sie ermutigen, Neues zu entwickeln (→ **Kasten**). Fühlen sie sich unterfordert, erlischt das Interesse.

Neben fehlender Anerkennung und mangelndem Interesse sind schlechte Erfahrungen, die Kinder gemacht haben, eine weitere Ursache für die Unlust am bildnerischen Gestalten: Wenn ein umgefallener Wasserbecher, beschmutzte Kleidung oder das versehentliche Übermalen des Blattrandes beispielsweise größten Ärger auslöst, liegt es auf der Hand, dass sich bildnerisches Tun mit potenziellem Stress verknüpft. Ein weiteres, vielfach genanntes Problem sind die Kommentare älterer Geschwister, die kein Verständnis für die „Kritzeleien" der jüngeren zeigen. Diese fühlen sich dann verspottet und verlieren das Selbstvertrauen in ihr Darstellungsvermögen.

Lina ruft zu ihrem jüngeren Bruder: „Man kann ja gar nichts erkennen, das ist doch nur Gekritzel!" Wie kann man als Elternteil reagieren?

Um das Selbstvertrauen des jüngeren Kindes (**Abb.**) zu stärken, können wir zweierlei tun: Zum einen muss Lina verstehen, dass es eine spezifische Entwicklung der Bildsprache gibt, die sie selbst auch durchlaufen hat. Hierfür kann man ihr ihre eigenen Kinderzeichnungen im Alter des jüngeren Kindes oder auch die Gestaltungen von anderen Kindern zeigen und erläutern. Zum Zweiten wäre ein Weg, beiden Kindern Kunstwerke namhafter Künstler vorzustellen, die ungegenständlich gearbeitet haben. So könnte auch eine Wertschätzung etwa für bestimmte Kompositionen, Farbkontraste u. Ä. entwickelt werden, die auch hilft, den Maßstab der Erkennbarkeit und Gegenständlichkeit ein wenig zu relativieren. Dies ist vor allem in der Schule relevant: Schülerinnen und Schüler, die in ihrem bildnerischen Tun die farbige Gestaltung, das Formen oder Konstruieren vorziehen, werden auf diese Weise ermutigt, ihre individuellen Ausdrucksformen weiterzuentwickeln. Sitzt der Zeichenfrust so tief, dass ein Kind gar nicht mehr zeichnen oder malen mag, kann es helfen, ihm andere Gestaltungsformen anzubieten, wie Collagieren, Bauen, Sammeln oder Ordnen, sodass der Druck, etwas gegenständlich abzubilden, entfällt.

Nick übermalt seine schönen Zeichnungen, sodass nichts mehr erkennbar ist! Seine Legobauten zerstört er, sobald sie fertiggestellt sind. Wie soll man damit umgehen?

Manche Kinder empfinden Lust am Kaputtmachen, Übermalen und Zerstören. Bei ihnen steht der Prozess des bildnerischen Tuns im Vordergrund, das Ergebnis spielt keine Rolle. Insofern ist dieses Verhalten keineswegs destruktiv, sondern zeugt vom gelungenen Abschluss der Tätigkeit. Freilich zerstören manche Kinder ihre Arbeiten auch aus Frustration. Diese Kinder benötigen intensive individuelle Beratung, Anerkennung und Impulse, Neues für sich zu entdecken. Sie sollten ermutigt werden, andere bildnerische Verfahren wie das Drucken (**Abb. 1**), Materialien und Techniken für sich zu erproben. Unzufriedenheit über das eigene Ausdrucksvermögen stellt sich auch häufig im Übergang zur Pubertät ein. Gerade für diese Altersgruppe am Ende der Grundschulzeit ist ein breites Angebot an neuen Materialien, Werkzeugen und Verfahren nötig, um sie zu anderen Darstellungsformen zu ermutigen.

1 | Jonas (4;6 Jahre)

Die genaue Beobachtung der Kinder über einen längeren Zeitraum hinweg ist erforderlich, um die Ursachen von Zeichenfrust zu erkennen: Die Neugierde am Experimentieren und die Lust an der Farbe können ebenso zur Zerstörung von Bildwerken führen wie die Frustration und Verzweiflung über das eigene Ausdrucksvermögen oder die gezielte Provokation von Eltern, Lehrern oder Erzieherinnen, die meist das Ringen um Aufmerksamkeit und Zuneigung zur Ursache hat. Ebenso muss das vermeintliche Stagnieren der Entwicklung der Bildsprache mit Geduld beobachtet werden: Manche Kinder lassen Phasen aus, andere benötigen neue Erlebnisse oder sind von Dingen – wie etwa dem Schuleintritt – in einer Weise absorbiert, dass das Gestalten hinten angestellt wird. Wohingegen manche Kinder gerade mit dem Schulbeginn besonders viel gestalten, weil die neuen Eindrücke verarbeitet werden müssen. Die Bildsprache kann sich sprunghaft ändern, sobald der richtige Zeitpunkt kommt. Gleichwohl sollten die Kinder natürlich auch die Möglichkeit erhalten, neue Wahrnehmungen und Erfahrungen zu machen, sodass sie ausreichend Motive haben, ihre Erlebnisse zu gestalten.

Mia hält den Stift ganz verkrampft. Nach dem Zeichnen tun ihr immer die Hände weh! Schmälert das die Lust am Gestalten?

Verkrampfte Hände sind in der Tat schmerzhaft. Mia verbraucht zudem unnötig Energie. Sie sollte den Stift nur so fest drücken, dass er nicht wegrutscht. Wenn dieser Hinweis nicht hilft, bieten sich Entkrampfungsspiele an, die die Hand lockern: Beispielsweise kann mit ungewöhnlichen Malmitteln gezeichnet werden. Hierfür eignen sich Zahnstocher, Stöckchen oder Federn, die in die Farbe getaucht werden. Beidhändiges Zeichnen oder rhythmisches Zeichnen nach Musik sind weitere Methoden, die Hand zu entkrampfen.

Um die Zeichenlust nicht zu beschädigen, ist es in Schule und Kindergarten wichtig, ein Thema nicht zu eng zu stellen, den Kindern Freiraum zu lassen, Einzelgespräche zu führen, individuelle Lösungsvorschläge anzubieten und gemeinsam über bildnerische Lösungen zu sprechen. – Was ist hier gut gelungen, was dort? So erhalten die Schülerinnen und Schüler positive Bestärkungen und Anregungen, um ihr bildnerisches Ausdrucksrepertoire zu erweitern.

Gestaltungsimpulse: Bilderbücher, Geschichten, Kunstwerke

Neue Materialien und Verfahren als Anregung wurden bereits vielfach genannt. Aber auch inhaltliche Erfahrungen, intensive Erlebnisse, Erzählungen und visuelle Eindrücke aus Büchern wie z.B. „Das Dschungelbuch" oder die Beschäftigung mit Kunstwerken können Kinder motivieren, Gestaltungsideen zu entwickeln.

Erfahrungen können initiiert werden, z.B. durch das intensive Wahrnehmen einer Sache: mit der Lupe besondere Pflanzen oder Gegenstände anschauen, im Internet recherchieren, Ausschnitte vergrößern, Serien anfertigen, Bilder dazu sammeln. Viele Schülerinnen und Schüler schätzen es sehr, in Sachbüchern zu blättern, um unendlich viele Details einer Sache kennen zu lernen. Sie werden Experten in einem Gebiet, in dem sie intensive Forschungen betreiben. Dieses Expertenwissen kann gestalterisch dokumentiert werden: in Büchern, auf Wandtafeln, in Schachteln und Kisten, Schubladen und Ordnern. Kinder benötigen oftmals Anregungen, um ihre Interessen in eine bildnerische Ordnung zu bringen. Sie sollten deshalb diverse Dokumentationsformen hierfür erlernen.

2 | Patrick (6;2 Jahre)

1 | Daniel (3;10 Jahre)

Neue Erlebnisse, wie beispielsweise die Begegnung mit einem Ozelot im Zoo, eine Schiffsreise (**Abb. 1**) oder der Besuch einer Burgruine usw., sind für viele Kinder so nachhaltig beeindruckend, dass sie diese bildnerisch verarbeiten und mitteilen möchten. Bildbände, die ferne Länder mit exotischen Tieren und Pflanzen zeigen, Lexika oder illustrierte Märchen- und Sagenbücher, Geschichten von Fabelwesen und das breite Spektrum von Bilderbüchern können zahlreiche Motive für bildnerische Darstellungen stiften.

Johanna fragt: „Was soll ich mal malen?“ Was soll ich antworten?

Manchmal fehlen Kindern einfach Themen! Sie wollen etwas bauen oder malen, bereiten aufwendig alles dafür vor, möchten dann starten – und es fällt ihnen nichts ein, was sie darstellen könnten. Wenn Themen fehlen, ist es unklug zu sagen: „Mal doch ein Pferd oder die Schule.“ Das Kind sollte selbst ein Motiv entwickeln, das es bewegt. Aber wir können im Gespräch Erinnerungen wachrufen und Erlebnisse präsent machen, bis das Kind ruft: „Das male ich jetzt.“

2 | Julian (11;2 Jahre)

Angeregt durch das zufällige Blättern eines Ausstellungskatalogs von Joan Miró, übernimmt Julian spontan einzelne Bildelemente für seine individuelle Gestaltung (**Abb. 2**).

Kinder sind häufig auf der Suche nach speziellen Darstellungsweisen, die sie zum Teil in der Begegnung mit Werken bildender Kunst finden können. So sind viele Schülerinnen und Schüler fasziniert von der Bildsprache Joan Mirós oder Niki de Saint Phalles. Sie versuchen, Elemente dieser Bildsprache zu übernehmen und in ihre eigenen Ausdrucksmöglichkeiten zu integrieren. Deshalb ist es von außerordentlicher Bedeutung,

Bildsprache sinnvoll unterstützen

Es fördert nicht die Bildsprache des Kindes, wenn dem Kind schnell ein Motiv, z. B. ein Hund, vorgezeichnet wird, den es dann in der Regel ausmalt. Stattdessen kann das Nachdenken über das Aussehen von Hunden helfen, eine Darstellungsform zu finden: Welche Hunde kennst du? Wie sehen die aus? Wodurch unterscheiden sie sich? Welche Länge, welche Farbe hat das Fell? Hat der Hund Schlappohren und einen langen Schwanz? Wir können verschiedene Hunderassen in Büchern oder im Internet anschauen und besondere Merkmale festhalten. Illustrationen von Hunden oder Kunstwerke, auf denen Hunde dargestellt sind, können anregen, eigene Gestaltungsformen zu entwickeln.

zu Hause, in Kindergarten und Schule Bildbände mit Kunstwerken zu haben, in denen Kinder blättern können, die sie nutzen können, um Ausschnitte nachzumalen oder Gestaltungsideen zu übernehmen. Das vielfältige Anregungspotenzial von Kunstbüchern ist ein entscheidender Motor, um die Gestaltungsprozesse der Kinder zu fördern. Fabian z. B. blättert in einem Bildband mit Werken der Land-Art. Darin sind zahlreiche Objekte von Andy Goldsworthy zu sehen, die aus Naturmaterialien wie Blättern, Ästen und Steinen zusammengesetzt sind. Durch diese Bilder angeregt, beginnt Fabian, im Garten mit Pflanzenteilen zu experimentieren, und entwickelt eine eigene bildnerische Komposition (**Abb. 3**).

3 | Fabian (8;4 Jahre)

Sollen wir Kunstmuseen mit unseren Kindern besuchen?

Um den Schülerinnen und Schülern bleibende Eindrücke mit der Kunstbegegnung zu verschaffen, sind Museumsbesuche unerlässlich. Da Kinder auch ein Museum neugierig erforschen möchten, bietet es sich an, den Besuch vorzubereiten. Die Werke können zuvor als Postkarten oder in Katalogen angeschaut werden, um sie dann im Museum wiederzufinden. In der Schule können kopierte Bildausschnitte verteilt werden, die die Schülerinnen und Schüler zu Detektiven im Museum machen. Oder bestimmte Themen werden vorab bildnerisch erarbeitet, um zu schauen, wie der eine oder andere Künstler das gestalterische Problem gelöst hat. Gespräche über ausgewählte Werke machen deutlich, dass Kunst häufig außerordentlich verdichtet und mit hoher Intensität Lebensgeschehen darstellt. Außerdem ist die Beschäftigung mit Kunstwerken oftmals Anlass für interessante Gespräche zu

Themen, über die sonst nicht gesprochen worden wäre. Hinschauen, Hinterfragen und Nachdenken über künstlerische Aussagen will geübt sein und sollte bereits im Vorschulalter spielerisch und mit Genuss vermittelt werden. Das Zeichnen und Nachgestalten von Kunstwerken als Umsetzung in die eigene Vorstellungswelt gehört unmittelbar dazu. In jedem Urlaub sollte ein Museumsbesuch stattfinden. Denn Wissen lässt sich leicht aneignen, um jedoch Kunstwerke zu erschließen und die eigene kulturelle Herkunft zu verstehen sowie eine individuelle kulturelle Identität auszubilden, gehört das Hineinwachsen in Kultur mit Herz und Verstand dazu.

Wie sind bildnerische Resultate zu verstehen?

Um Begabungen zu erkennen und Kinderzeichnungen oder andere gestalterische Ergebnisse zu verstehen, ist eine genaue Kenntnis der Entwicklung der kindlichen Bildsprache nötig. Hinzu kommt, dass nicht nur das Bildergebnis, sondern dass auch der gesamte Bildentstehungsprozess für die Einschätzung von Kinderbildnissen relevant ist. Gespräche mit den Kindern über ihre Produkte führen zu weiteren Erkenntnissen. Erst das Betrachten einer ganzen Reihe von Arbeiten eines Kindes kann einen Eindruck von dem jeweiligen bildnerisch-ästhetischen Vermögen vermitteln.

Wesentliche Aspekte für das Verständnis von Gestaltungen sind eingehendes Beobachten (→ **Kasten**), sich Zeit lassen, dem Kind zuhören, geduldig abwarten, ob eine Phase sich ändert, und der Versuch, die Gestaltungsprozesse nachzuvollziehen.

Vor zu schnellen Urteilen ist zu warnen, denn Kinder verändern oft plötzlich ihre Bildsprache ohne von außen erkennbare Ursache. Auch hohe zeichnerische Begabungen können lediglich in einer bestimmten Phase außerordentlich sein – etwa wenn Kinder bereits im ersten Schuljahr zu räumlicher Darstellung in der Lage sind –, nach einigen Jahren hat sich diese Fähigkeit im Kontext anderer bildnerischer Herausforderungen meist wieder relativiert.

Gestaltungsprozesse beobachten

- Was ist dargestellt?
- Was fällt an der Arbeit formal auf ? (Material, Farben, Größenverhältnisse, Komposition, Kontraste, Überschneidungen usw.)
- Wie wirken die Arbeitsweise und der Ausdruck? (zögerlich, impulsiv, vorsichtig, experimentell, unsicher, mutig, ausdrucksstark, introvertiert, farbenfroh, düster usw.)
- Welche Inhalte beschäftigen das Kind?
- Welche Details werden betont?

Talent und Begabung

Talent und Begabung werden in der Regel synonym verwendet. Wenn jemand besonders talentiert oder begabt ist, verfügt er über eine oder mehrere überdurchschnittliche Fähigkeiten in einem bestimmten Bereich. Für das bildnerische Gestalten kann dies eine spezielle handwerkliche Geschicklichkeit bedeuten, z. B. beim Hämmern, Nageln und Sägen, oder eine intuitive Sicherheit im Umgang mit Farbe, die frühe Fähigkeit zum perspektivischen Darstellen, eine bestimmte Materialsensibilität oder ein deutlicher „Vorsprung" in der Entwicklung der Bildsprache. Das ästhetische Vermögen ist breit gefächert, sodass die Leistungsvoraussetzungen im Bildnerischen sehr unterschiedlich sein können. Auch ein überdurchschnittliches Rezeptionsvermögen, das Entwickeln kreativer Ideen, Flexibilität im Denken, Imaginations- und Fantasiefähigkeit gehören dazu. Im Vor- und Grundschulalter fällt jedoch als überdurchschnittlich häufig lediglich auf, wenn Kinder ihrer altersgemäßen Bildsprache voraus sind, und wenn sie außerordentlich detailgetreu und an der Wirklichkeit orientiert darstellen können.

Die Freude an der bildnerischen Aktivität, gute Kenntnisse von bildnerischen Mitteln und Verfahren, handwerklich-technisches Können, wie z. B. brillante Pferdezeichnungen oder Fahrzeugkonstruktionen, Wissen um künstlerische Ausdrucksformen und kreative Ideen sind die Grundlage bildnerischer Begabung. Einseitige Talente, wie etwa die Fähigkeit zur wirklichkeitsgetreuen Wiedergabe von visuellen Eindrücken bei autistischen Kindern, sind Sonderbegabungen, die klare Defizite in anderen Bereichen bildnerischen Gestaltens aufweisen.

Woran erkenne ich, dass mein Kind begabt ist?

Wenn Kinder sich in der Grundschule deutlich früher als ihre Klassenkameraden von den altersgemäßen Darstellungsschemata lösen und sich für Bewegung, Licht und Schatten, die Lichtwirkung auf Oberflächen, spannende Kompositionen usw. interessieren, dann lässt sich zumindest von einer hohen Begabung in einer bestimmten Zeit sprechen. Begabung zeigt sich aber auch in anderen Bereichen bildnerischen Tuns, wie in überdurchschnittlichen konstruktiven Leistungen im Umgang mit Metall und Holz, in großem Geschick im Umgang mit Werkzeugen, beim Formen mit Ton, im räumlichen Denken, im perspektivischen Zeichnen, im freien Komponieren usw. Alle Kinder sind in irgendeiner Weise begabt. Unsere Aufgabe ist es, diese Begabungen zu erkennen und zu fördern.

Kinderkunstschulen können eine wertvolle Ergänzung zu dem üblichen Kunstunterricht sein, um begabte Kinder zu fördern. Allerdings sollte man zuvor in Erfahrung bringen, ob die dortigen Lehrkräfte wirklich kompetent sind und ob in kleinen Gruppen gearbeitet wird, sodass individuelle Ausdruckswege möglich sind.

Fabienne (7;5 Jahre)

Begabung im zweiten Schuljahr – ein Beispiel

1 | Pia (8;1 Jahre)

Voraussetzung, um eine überdurchschnittliche Leistung festzustellen, ist es, den Durchschnitt zu kennen. Will ich anhand eines bildnerischen Ergebnisses einschätzen, ob ein Siebenjähriger begabt ist, muss ich zunächst einige grundsätzliche Überlegungen zum bildnerischen Darstellungsvermögen von Zweitklässlern anstellen:

Kinder im zweiten Schuljahr sind in der Regel sieben bis acht Jahre alt. In ihrer zeichnerischen Entwicklung befinden sie sich in der sogenannten Schemaphase. Das heißt, sie bauen Figuren additiv auf, angelehnt an geometrisch klare Formen: erst den Kopf, dann den Körper und die Gliedmaßen, manchmal einen Hals. Augen, Nase, Mund, Haare usw. werden ergänzt. Die Menschdarstellung erfährt zunehmend Ausdifferenzierung, je nachdem, was den Kindern wichtig erscheint. Sie präferieren klare und eindeutige Darstellungsweisen: Die Person wird frontal von vorne gezeigt, das Tier hingegen meist im Profil. Auch das rechtwinklige Anbringen von Haaren, Ohren, Armen – mit größtmöglichem Richtungsabstand zum Körper – sowie das Vermeiden von Überschneidungen dienen der Prägnanz im Bild.

Die Bildgegenstände stehen auf einer Standlinie am unteren Bildrand. Wird versucht, den Bildraum insgesamt zu gestalten, können Klappbilder entstehen oder Streifenbilder. Das heißt, die Standlinie wechselt ihre Position auf der Bildfläche und mit ihr das jeweilige Bildmotiv. Dinge, die für Kinder besonders wichtig sind, werden durch ihre überdurchschnittliche Größe hervorgehoben. Diese Bedeutungsperspektive zeigt sich nicht nur in Bezug auf einzelne dargestellte Objekte, sondern auch hinsichtlich diverser Bilddetails, z.B. einer Kralle, einem Auge usw. Die Farbgebung orientiert sich an den Gegenstandsfarben des Abgebildeten. Während im Vorschulalter häufig noch Lieblingsfarben unabhängig vom gezeichneten Motiv verwendet werden, orientieren sich Zweitklässler verstärkt an der Wirklichkeit, also an der Gegenstandsfarbe.

Es ist davon auszugehen, dass im zweiten Schuljahr die Schemaphase in der bildnerischen Entwicklung der Kinder noch vorherrscht. Allerdings ist dabei nicht nur von erheblichen individuellen Unterschieden abzusehen, die freilich immer im Klassenverband vorhanden sind, auch eine Tendenz zur Auflösung der zum Teil starren Formensprache hin zu wirklichkeitsanalogen Darstellungen ist bereits gegeben.

Pias Bild (**Abb. 1**) entspricht den üblichen Darstellungsschemata von Zweitklässlern (additiver Aufbau der Tierfiguren, schematisch getigertes Fell der Katze, Bedeutungsproportionen – insbesondere bei der Maus, dem Vogel und dem Eichhörnchen, die im Zaun sitzen – , Standlinienbild usw.).

Bei der Darstellung eines besonders bildnerisch begabten Jungen (**Abb. 2**) fällt hingegen auf, dass die

2 | Andreas (7;9 Jahre) Katze nicht nur auf einer Wiese tiefenräumlich mit Baumstamm im Hintergrund platziert ist, sondern darüber hinaus die Raumwirkung durch Schatten verstärkt wird. Die Schattierung wurde im Unterricht nicht thematisiert. Selbst die kleine Maus am unteren Bildrand ist mit Schatten unterlegt, sie wird von einer Blutspur verfolgt, die ihre Bewegungsrichtung markiert. Die Proportionsverhältnisse von Katze und Maus sind außerordentlich stimmig. Während die Maus klein und ängstlich wirkt, setzt die Katze dynamisch mit gespannter Haltung und angehobenem Schwanz zum Sprung auf die Maus an. Verblüffend ist die einheitliche Formgebung der Katze aus ungewöhnlicher Perspektive von schräg oben. Der Katzenkörper entsteht aus einer Form, er ist nicht additiv zusammengesetzt. Die gemaserte Fellstruktur unterstützt die wirklichkeitsnahe Erscheinung. Über die Wahl der Gegenstandsfarbe hinaus (z. B. mausgrau für die Maus) bemüht sich Andreas um die Erscheinungsfarbe bei Wiese und Katzenfell. Die am oberen Bildrand rechts gemalte Sonne bildet die Lichtquelle für die gesetzten Schatten. Präzise wird die Kontur der gemalten Bildgegenstände auf die Schatten übertragen und dunkel gefüllt.

Kinderzeichnungen verstehen

Die Analyse von Kinderzeichnungen sowie anderen bildnerischen Resultaten erfordert ein komplexes Instrumentarium. Die Interpretation setzt nicht nur Kenntnisse der altersgemäßen Formensprache voraus. Der lebensgeschichtliche Kontext des Kindes sollte ebenfalls bekannt sein, um das benutzte Ausdrucksrepertoire angemessen einschätzen zu können. Zugleich ist es nötig, situative Gegebenheiten während des Entstehungsprozesses zu berücksichtigen, weil Bildhandlungen davon erheblich beeinflusst werden können. Sinnvoll ist es auch, zur Interpretation mehrere Bilder eines Kindes heranzuziehen, weil sich erst dann wesentliche individuelle Merkmale zeigen. Die Analysemethode folgt in der Regel traditionellen kunsthistorischen Methoden, die an dieser Stelle allerdings nicht ausgebreitet werden können. Im Unterricht können Kinderzeichnungen Anlass sein, über die gespiegelten Themen und Motive zu sprechen, Interpretationen sollten nur mit äußerster Vorsicht vorgenommen werden.

Dürfen Kinder im Unterricht frei gestalten, oder sollen die Aufgaben immer an ein Thema oder an das Erlernen einer Technik gebunden sein?

Zugleich stellt sich die Frage, ob die sogenannte freie Kinderzeichnung überhaupt Gegenstand von Kunstunterricht sein soll, im Lehrplan ist das freie, weder thematisch noch an ein Herstellungsverfahren gebundene Gestalten nicht vorgesehen. Dennoch sprechen gerade im Grundschulalter einige Gründe dafür: Das Gestalten von Lebensgeschehnissen dient in jedem Fall der Entlastung: Das Erlebte findet eine bildnerische

1 | Lena-Sophie (7;2 Jahre)

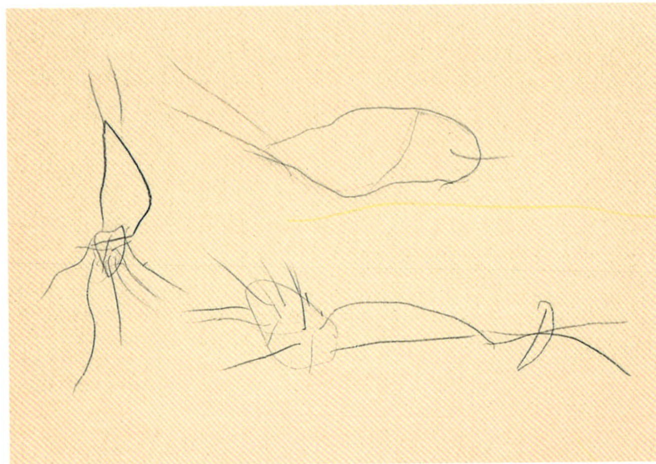

2 | Phillip (4;2 Jahre)

Form des Ausdrucks, wird bildnerisch geformt und damit mitgeteilt, wie z. B. in Lena-Sophies Darstellung „Als die Rakete im Boden stecken blieb" (**Abb. 1**). In dem gestalteten Resultat tritt dem Kind das Erlebte nochmals gegenüber, sodass es distanziert betrachtet und reflektiert werden kann. Hier liegt die Chance im Unterricht: Die negative oder positive Erfahrung kann geteilt und miteinander besprochen werden. Insofern ist das Zeichnen ein Angebot und eine Chance für die Kinder, komplexe Ereignisse begreifbar zu machen und ansatzweise zu verarbeiten.

Voraussetzung für die Förderung des bildnerischen Gestaltens ist einerseits die Orientierung an den Ausdrucksbedürfnissen und Mitteilungsinteressen der Kinder. Andererseits benötigen sie Impulse, um ihr Darstellungsvermögen zu entwickeln. Dies können technische Lernhilfen sein, materielle Reize, Sensibilisierungen für bildnerische Phänomene oder aber auch der Vorschlag unkonventioneller bildnerischer Lösungen, die zum Nachdenken und zur Reflexion anregen.

Was sagt das Bild über ein Kind?

Freilich können Kinderzeichnungen vor dem Hintergrund aller bereits genannten Kontexte interpretiert werden, um Aussagen über die psychische Befindlichkeit zu treffen. Doch solche psychologischen Betrachtungen sollten den Experten überlassen bleiben, den Psychologen. Diese haben ihre eigenen Methoden, mit den Kindern und ihren Zeichnungen zu arbeiten.

Phillip zeichnet sich mit Papa und Mama. Alle Figuren haben einen Kopf und einen Körper sowie zwei Beine (**Abb. 2**). Sie sind von allen Seiten gezeichnet. Phillip ist am kleinsten am linken Bildrand, oben der Papa, unten die Mama zu sehen. Kennt man die Familiengeschichte, ist die gelbe Linie, die Mama und Papa trennt, möglicherweise als Vorbote der kommenden Scheidung zu interpretieren.

Welche Aufgaben und Ziele verfolgt der Kunstunterricht in der Grundschule?

Was sollten Kinder in der Grundschulzeit lernen?

Im Kunstunterricht soll ein vielseitiger Zugang zur Welt gefördert werden. Das bedeutet, dass die Kinder ihre ästhetischen Fähigkeiten entdecken, schätzen und erweitern. Der anschauliche, emotional geprägte bildhafte Zugriff auf die Wirklichkeit wird ausgebildet. Dazu gehören Kenntnisse über historische und aktuelle Kunst sowie über die ästhetischen Phänomene unserer Umwelt. Sensibilität, Fantasietätigkeit und Kreativität sollen ebenso entfaltet werden wie das kritische, emanzipierte Zurechtfinden und Verhalten in einer von Bildern und visuellen Medien bestimmten Welt.

Mit dem Schuleintritt verfügen die meisten Kinder über ein sicheres Darstellungsrepertoire: Figuren und Gegenstände werden klar umrissen, Personen haben deutlich erkennbare Körperteile, die Bildelemente stehen fest auf dem Boden. Die Farbgebung orientiert sich nicht unbedingt am dargestellten Gegenstand, einfache plastische und konstruktive Objekte können entwickelt werden, mit Rollenspielen werden Lebensmuster erprobt. Sauberes und ordentliches Ausmalen ist kein Kriterium für bildnerisches Können zum Schulbeginn. Im Laufe der vier Grundschuljahre ist es Aufgabe des Kunstunterrichts, die Kinder in zweierlei Hinsicht auszubilden: Das Kennenlernen von Kunstwerken in ihrer kulturtragenden Funktion sowie das Erfassen der Vielschichtigkeit und Symbolkraft der bildenden Kunst ist der eine Schwerpunkt im Kunstunterricht. Der andere ist das Entwickeln des bildnerischen Mitteilungs- und Ausdrucksvermögens des Kindes. Hier folgt der Kunstunterricht den altersgemäßen Darstellungsformen, die durch bestimmte Themenstellungen, Materialangebote sowie das Erlernen spezifischer Techniken und Verfahren sukzessiv gefördert werden.

Ein Hauptanliegen im Kunstunterricht ist es, ästhetische Erfahrungen im bildnerischen Dialog mit unterschiedlichen Materialien und Verfahren sowie im Umgang mit Kunstwerken und Alltagsobjekten bei den Kindern zu erzielen. Durch bildnerische ästhetische Praxis und durch das Sprechen über Ästhetisches sollen Einsichten in gestalterische Zusammenhänge gewonnen werden. Diese Einsichten sind – knapp zusammengefasst – mit Bildkompetenz zu bezeichnen. Sie entsteht, wenn sich Kinder mit der Herstellung und der Wirkung von Bildern auseinandersetzen. Im Kunstunterricht wird Bildkompetenz entwickelt durch die Produktion und Rezeption von Bildern. Zudem soll die Wahrnehmung der Schülerinnen und Schüler sensibilisiert werden – vor allem vor dem Hintergrund, dass die Kinder viel Zeit vor Fernseher und Computer verbringen, sie von der Konsumwelt überfrachtet werden und ihnen wenig Zeit bleibt, sinnliche Erfahrungen zu machen.

Aspekte des Kunstunterrichts in der Grundschule

Nicht nur das alltägliche Umfeld der Kinder begründet die bildnerische Beschäftigung mit der eigenen Lebenswelt, auch die aktuellen künstlerischen Strategien, in denen Alltagsobjekte autonome Gestaltungsmittel sind, legen den Umgang mit der Umwelt im Kunstunterricht nahe. Das bildnerische Erkunden ästhetischer Phänomene und auch die Materialien, die zum Gestalten verwendet werden, sollen die Auseinandersetzung mit der Lebenswirklichkeit befördern. Darüber hinaus können Bewegungsübungen und der haptische Umgang mit verschiedenen Materialien Entwicklungsmängel ausgleichen. Besonders wird hierbei auf die Wirkung der unterschiedlichen Materialien gesetzt, die ihrerseits Widerstände bieten und denen ein spezifischer Aufforderungscharakter innewohnt. Ich-Stärke, Handlungskompetenz, und Kommunikationsfähigkeit sollen durch gemeinsame Aktivitäten ausgebildet werden, um Fehlentwicklungen und Identitätsstörungen vorzubeugen. Ebenfalls kompensatorische Kraft soll der Naturerfahrung zukommen. Der gestalterische Umgang in und mit der Natur kann anregen, das Verhältnis des Menschen zur Natur auf verschiedenen Ebenen zu reflektieren und darüber hinaus durch die Verwendung von Naturmaterialien als Gestaltungsmittel eine Beschäftigung mit Naturphänomenen einleiten.

Um die intellektuellen und sinnlichen Erkenntnisfähigkeiten der Schülerinnen und Schüler gleichermaßen zu entwickeln, sind vielerlei Lockerungsübungen, neue Sichtweisen auf den Gegenstand und assoziative Methoden zur Bildfindung geeignet. Ziel ist letztendlich dabei, die Wahrnehmung zu schärfen und das Darstellungsvermögen zu steigern. Theaterspiel und Bühnengestaltung, Tanzen und Sich-Bewegen, aber auch das Herstellen von Spielobjekten gehören zu den Inhalten eines vielschichtigen Kunstunterrichts. Zum Teil verknüpft mit dem Bereich Werken werden im Kunstunterricht Spielfiguren hergestellt, begehbare Häuser gebaut, Schattenspiele entwickelt usw. Mit Handlungsweisen, wie z. B. dem Sammeln und Ordnen, Spurensuchen und -sichern, bilden Kinder Verhaltensweisen aus, die ebenfalls der Umweltaneignung dienen.

Werkstattschrank mit Materialien

Neben diesen grundlegenden Zielen zur Auseinandersetzung mit der Wirklichkeit und den kompensatorischen Funktionen beinhaltet der Kunstunterricht vielerlei fachspezifische Ziele, die sich auf das Erlernen handwerklicher Techniken, gestalterischer Verfahren und den bewussten Einsatz bildnerischer Mittel beziehen. Allerdings wird hierbei immer versucht, ein gestalterisches Problem mit Inhalten zu füllen, die einen Bezug zu den Interessen und Bedürfnissen von Kindern aufweisen. Vor allem geht es im heutigen Kunstunterricht darum, die Darstellungsfähigkeit zu fördern, damit die gewünschten Inhalte für die Kinder angemessen zum Ausdruck gebracht werden können. Auch die wachsende Bedeutung von Computertechnik und digitaler Fotografie als Gestaltungsmittel findet ihren Niederschlag im Kunstunterricht. Von daher gehört das Vermitteln von Medienkompetenz mittlerweile zum selbstverständlichen Anliegen kunstpädagogischer Tätigkeit. Zugleich prägt die Medienrezeption die kindlichen Wahrnehmungsweisen sowie die Themen, mit denen Kinder sich befassen.

Welche Unterrichtsmethoden sind geeignet?

Offene Handlungsformen und Werkstattunterricht sollten die herkömmlichen Methoden des Kunstunterrichts schon lange abgelöst haben, denn gerade der Kunstunterricht bietet die Möglichkeit, Lerninhalte nicht kleinschrittig und operationalisiert zu vermitteln, sondern sogenannte kunstnahe Methoden anzuwenden. „Werkstattorientierte" Lehrformen orientieren sich am experimentellen, individuellen Tun der Schülerinnen und Schüler und machen die Wissbegier, Neugierde, die Lust zum Experiment und den Forscherdrang von Kindern und Jugendlichen nutzbar. Eine „Werkstattecke" im Klassenraum (**Abb.**) ermöglicht eigenverantwortliches, erfahrungsoffenes Lernen, das Spielräume und Erprobungsmöglichkeiten in Material und Technik für die Umsetzung eines spezifischen Themas eröffnet. Die Kinder sollten den Unterrichtsverlauf mitbestimmen und ihre spezifischen Kompetenzen und Fähigkeiten einbringen können. Der Schwerpunkt des didaktischen Prinzips Werkstatt liegt auf der Selbstorganisation der komplexen Lernprozesse durch die Kinder. Experimentelles, erprobendes Vorgehen bedeutet allerdings nicht das Fehlen jeglicher Zielorientierung. Eine Verständigung über die Ziele mit der Lerngruppe ist unverzichtbar. Der Lehrerin oder dem Lehrer kommt im Unterrichtsprozess die Aufgabe zu, die Schülerinnen und Schüler zu motivieren und zu beraten.

Entscheidend für diese Form des offenen Kunstunterrichts ist, dass ein vielfältiges Materialangebot bereitgestellt wird. Denn die Idee für eine bestimmte Darstellungsweise bzw. für ein gestaltetes Produkt folgt einem Ausdrucksbedürfnis, das sich im Zusammenspiel mit dem Materialangebot entwickelt. Die Materialreize fordern ebenso wie die Techniken in besonderer Weise zum gestalterischen Tun auf und können konkrete Ideen und Gedanken anstoßen. Neben einem umfangreichen Materialangebot sollten das Fördern von Einfallsreichtum, Fantasietätigkeit und Kreativität sowie das Sensibilisieren der Wahrnehmung wesentliche Faktoren im Unterrichtsprozess sein. Die Schülerinnen und Schüler sollten die Möglichkeit erhalten, sowohl individuelle Fantasien zu entwickeln und auszudrücken als auch ungewöhnliche, unkonventionelle Lösungswege zu erproben.

Welche Themen sind ideal?

Im Grundschulunterricht bietet sich eine interdisziplinäre Themenwahl besonders an, da die verschiedenen Fächer ohnehin häufig in der Hand einer Lehrerin liegen. Diese Situation entschärft darüber hinaus ein spezifisches Problem des Kunstunterrichts: Führe ich zunächst ein neues Thema ein, ein bildnerisches Problem oder eine neue Technik? In jedem Fall muss der Zusammenhang zwischen gewähltem Motiv bzw. Thema und angebotenen Gestaltungsmitteln durchschaubar und als bedeutungsvoll erachtet werden. Material, Verfahren, Komposition usw.

sind sinnstiftender Teil eines gestalterischen Resultats.

Wie bewerte ich die Kinderwerke?

Als besonderes Problemfeld im Kunstunterricht erweist sich die Leistungsbewertung. Gerade im Grundschulalter divergieren die zeichnerischen Fähigkeiten der Schülerinnen und Schüler erheblich. Zudem gibt es unterschiedliche ästhetische Interessen – im Bauen und Konstruieren, im szenischen Spiel, im Sammeln und Ordnen, im Umgang mit Farbe usw. zeigen sich die vielfältigen Talente, Ideen und Lösungen. Nicht alle Aufgabenstellungen lassen sich bewerten oder müssen bewertet werden. Aufgaben, deren bildnerische Kriterien transparent gemacht werden können und die bewertbare Lösungswege beinhalten, eignen sich zur Beurteilung oftmals besser als stark subjektbezogene, den persönlichen Ausdruck betreffende Themen. In eine Beurteilung der bildnerischen Leistung sind mehrere Faktoren einzubeziehen: Zu reflektieren ist immer das eigene ästhetische „Vorurteil", der persönliche „Geschmack". Darüber hinaus ist der individuelle Leistungsfortschritt des Kindes vorrangig zu berücksichtigen, denn das Darstellungsvermögen der Kinder unterscheidet sich z. T. erheblich. Maßstab für eine Bewertung der bildnerischen Leistung sollte keinesfalls die Fähigkeit zur abbildgenauen Darstellung der Wirklichkeit sein, sondern vielmehr sollten Kriterien wie Ideenfindung, Komposition, Ausdruck, Verwendung bildnerischer Mittel, Mitarbeit, Sozialverhalten usw. für eine Bewertung herangezogen werden. Außerdem ist eine Gesamtnote ausgewogen aus allen Bereichen ästhetischer Praxis zu ermitteln (Zeichnen, Malen, plastisches Gestalten, Bauen und Konstruieren, Umgang mit Medien, szenisches Spiel usw.).

Diese vier Schülerarbeiten sind Resultat einer Aufgabenstellung, die mit einer Fantasiereise begann. Die Kinder stellen sich vor, in einem Heißluftballon zu sitzen und über eine herbstliche Landschaft zu fliegen: gemähte und gepflügte Felder sind sichtbar, Bäume, Wege, Dächer. Die „Herbstfarben" werden besprochen, und es

wird ausführlich über den Blick aus der Vogelperspektive diskutiert. Bewertbare Kriterien sind u. a., ob der Fokus auf den Herbstfarben liegt, der Umgang mit Farbe, das Farbemischen, die Farbwahl mit herbstlichem Farbklang, die Unterschiedlichkeit der Felder und Straßen – gemäß der Erzählung usw. Die korrekte Darstellung der Vogelperspektive (**Abb. 1** u. **2**) sollte jedoch kein ausschlaggebendes Kriterium für die Leistungsbeurteilung sein, da entwicklungsbedingt nicht alle Schülerinnen und Schüler dazu in der Lage sind. Einigen Kindern gelingt es beim besten Willen nicht, den gewünschten Perspektivwechsel gedanklich vorzunehmen und sich die Landschaft aus dem Blickwinkel von oben vorzustellen (**Abb. 3** u. **4**). Eine farblich strukturierte Flächengliederung durch Felder, Wege, Seen, Waldstücke usw. wird nur partiell erzielt. Es ist lediglich eine Frage der Zeit, bis auch diese Kinder vollständig umdenken können.

Welchen Stellenwert sollten Reflexion und Präsentation haben?

Das Sprechen über bildnerische Kriterien kann in jeder Unterrichtsphase individuell oder in Gruppen stattfinden. Oftmals eignet sich ein Einstiegsgespräch besser als eine Reflexion am Ende der Unterrichtsstunde, wenn die Schülerinnen und Schüler selbstvergessen im Arbeitsprozess sind und mit dem praktischen Tun nicht aufhören mögen. In Kombination mit der Kunstrezeption können immer neue Kompositionselemente, künstlerische Verfahren und Ausdrucksmöglichkeiten kennen gelernt und diskutiert werden.

Individuelle Zwischenbesprechungen unterstützen die Kinder während ihres Arbeitsprozesses. Sie können bei der Motivwahl helfen, ein technisches Problem lösen oder einfach zur Weiterarbeit ermuntern. Speziell im Anfangsunterricht ist es für viele Schülerinnen und Schüler nützlich, wenn sie konkrete Größenangaben für das Darstellen eines Motivs auf der Fläche erhalten – beispielsweise dann, wenn ein einfacher

von links nach rechts:

1 | Marvin (10;7 Jahre)

2 | Antonia (11;2 Jahre)

3 | Lukas (10;5 Jahre)

4 | Luise (10;10 Jahre)

Umriss auf einem Stück Holz notwendig ist, um dieses auszusägen, da sonst meist der Umriss zu klein wird.

Weiteres zentrales Element im Kunstunterricht ist die Präsentation. Schülerarbeiten werden ausgestellt, diskutiert und reflektiert: Von Spielsequenzen über Bühnenaufführungen, Schülerzeitungen über Plakatentwürfe, dem Gestalten von Info-Tafeln über die Ausgestaltung des Schulgebäudes, dem Web-Auftritt usw. kommt dem Präsentieren ein wesentlicher Stellenwert im Kunstunterricht zu. Ausstellen und Ausstellungen machen, Präsentationen entwickeln und inszenieren sind elementarer Bestandteil bildnerisch-ästhetischen Handelns.

Lernziele

Was sollen Kinder am Ende der Grundschulzeit können?

Im Hinblick auf den Umgang mit Kunstwerken sollen die Schülerinnen und Schüler befähigt werden, Kunstwerke auszulegen, zu deuten und ansatzweise zu interpretieren. Sie sollen lustvoll assoziative Zugänge finden können und versuchen, diese Bezüge mit ihren eigenen Erfahrungen und ihrem Wirklichkeitserleben in Verbindung zu bringen. Hierbei helfen exemplarische Kenntnisse über Künstler und Epochen,

1 | Anna (6;4 Jahre)

2 | Maria (6;7 Jahre)

die sie im Laufe ihrer Grundschulzeit erwerben. Ein nachhaltiges Interesse an Kunst stellt sich dann ein, wenn die Kinder von der Beschäftigung damit profitieren, das heißt, wenn sie die Auseinandersetzung mit Kunstwerken als persönliche Bereicherung empfinden – sei es, indem sie Erkenntnisse über ihr eigenes Dasein erhalten, ein Werk in seinem bildnerischen Gefüge genießen können oder neue Impulse für eigene Ausdrucksformen gewinnen. Vielleicht werden historische Gegebenheiten interessant, über die die Kunstwerke berichten, oder Gegenwartskunst fasziniert aufgrund von Provokation und Ungewöhnlichem. Es lassen sich nicht alle möglichen Erfahrungsgewinne aufschlüsseln, wesentlich ist jedoch, den Kindern einen Zugang zu Kunst und Kultur durch das subjektive Nadelöhr hindurch zu verschaffen, sodass sie mit Vergnügen auf Kunstwerke reagieren. Bei der Vermittlung ist die Verzahnung von Produktion und Rezeption selbstverständlich. Das heißt, dass die Lernenden sich einem Werk aktiv nähern, evtl. selbst dazu bildnerisch arbeiten usw. Im Anschluss wird Wert auf die Reflexion und die Präsentation des ästhetisch-praktischen Tuns gelegt.

3 | Lina (6;9 Jahre)

Produktion und Rezeption, Reflexion und Präsentation sind untrennbar im Kunstunterricht miteinander verwoben. Beim Thema Porträt heißt das z. B. konkret: Einige Schülerinnen und Schüler bringen Porträtfotos von sich mit in die Schule, andere kennen Selbstbildnisse von Dürer, Rembrandt, Beckmann und Jawlensky, die sie zeigen. Wir überlegen, welche unterschiedlichen künstlerischen Intentionen die jeweiligen Künstler verfolgen und was uns wichtig ist, wenn wir uns darstellen wollen. Mit Erstklässlern lassen sich Spiellieder einsetzen („Ich habe einen Kopf, ich habe einen Bauch, […] Füße, Fußzehen […] hab ich auch."), um die Kinder für alle Körperteile zu sensibilisieren, die sie im Anschluss darstellen.

Manchen Kinder fällt es noch schwer, eine Figur im DIN-A2-Format zu gestalten. Sie können unterstützt werden, indem man ihnen zeigt, wo der Kopf platziert werden könnte. Sie zeigen sich selbst frontal, sind aber um individuelle Details – wie Brille, Sommersprossen, Farbe des Pullovers usw. – bemüht. Sonne und Wolken im Hintergrund dürfen nicht fehlen (**Abb. 1–3**).

Mit Drittklässlern liegt der Schwerpunkt stärker auf dem eigenen Aussehen: Mit gegenseitigen Beschreibungen und mit Hilfe von Spiegeln können zahlreiche Details erkannt und in die Darstellung übernommen werden. Zugleich fließen weitergehende Überlegungen in die Bilder ein: Welche Farben passen zu mir? Wie gestalte ich einen Hintergrund, der meiner Person entspricht? Das Bemühen um eine größere Detailgenauigkeit und ein konzeptuelles Vorgehen ist gegenüber den Arbeiten der Erstklässler deutlich erkennbar (**Abb. 1** u. **2**). Daher tauchen vielleicht auch neue Fragen auf, für deren Thematisierung weitere Künstlerselbstbildnisse herangezogen werden – beispielsweise Werke von Frida Kahlo, um biografische Aspekte einzubringen, die außerordentlich exakt gemalt sind. Die Kinder können sich intensiv mit dem Thema Selbstporträt in der Kunst befassen und diese Anregungen in ihre eigenen Bildaussagen integrieren.

Mit zunehmendem Alter werden die bildnerischen Ergebnisse überlegter: Eine bestimmte Hintergrundgestaltung transportiert emotionale Eindrücke, die Farbwahl wird sorgfältig überlegt. Eine rote grafische Spur kontrastiert den schwarzen Strich, der die Konturen vorgibt, und die lineare Verbindung von Augenbraue und Nase versucht Räumlichkeit wiederzugeben (**Abb. 3**). Dass Melissa gezielt einen Hintergrund vorbereitet, der zugleich den Grundton von Gesicht und Körper bestimmt, zeigt intensives Vorüberlegen und gute Kenntnisse möglicher Verfahrensweisen. Nur wenn Kinder kontinuierlich üben, Gestaltungskriterien anzuwenden und zu reflektieren,

1 | Tom (9;4 Jahre)

2 | Elena (8;6 Jahre)

erhalten sie ein breites Repertoire bildnerischer Ausdrucksmöglichkeiten. Dazu gehört auch, Kunstwerke kennen zu lernen, zu beschreiben, in Ansätzen zu analysieren und die eigenen Gestaltungsergebnisse zu präsentieren.

Welche Rolle spielt der Gebrauch von Farbe?

Im Bereich der Malerei sollten die Schülerinnen und Schüler lernen, Farben malerisch zu nutzen und einzusetzen. Das bedeutet u. a., das Blatt muss als eine Gesamtkomposition erfasst werden, der z. B. eine Gegenstandsfarbe untergeordnet werden kann – etwa wenn der Himmel während des Gewitters rot statt blau leuchtet und auch der Wüstensand dadurch eine rote Farbe annimmt oder wenn sich das Vulkanfeuer in Rot-Gelb-Tönen gleichmäßig ausbreitet (**Abb. 4**). Die Kinder sollten Farben entsprechend mischen und übereinanderlagern sowie eine bewusste Farbwahl anstreben können. Auch intuitiv treffen Kinder häufig eine spannende und kontrastreiche Farbkomposition (**Abb. 5**): So korrespondiert das Gelb der Spinne, durch schwarze Kontur betont, mit dem riesigen, gelben Gewitterblitz, und der kleine Vogel wiederholt die Farben der Spinne.

3 | Melissa (12;7 Jahre)

4 | Johannes (11;3 Jahre)

5 | Gemeinschaftsarbeit (4. Schuljahr)

links:
1 | Nico
(6;8 Jahre)

rechts:
2 | Johanna
(6;7 Jahre)

Im Bereich der Grafik sollten Kinder am Ende der Grundschulzeit – neben diversen zeichnerischen Techniken – einfache druckgrafische Verfahren beherrschen, wie z. B. den Linoldruck, den Pappendruck (**Abb. 1**) oder den Milchtütendruck (**Abb. 2**).

Welche Kompetenzen werden beim Drucken geschult?

Beim Linoldruck beispielsweise ist nicht nur zu beachten, dass das Ergebnis seitenverkehrt auf dem Papier abgebildet wird, sondern vor allem, dass eine interessante und ausgewogene Aufteilung des Bildes in farbige und weiße Flächen

links:
3 | Michel
(10;5 Jahre)

rechts:
4 | Simon
(11;3 Jahre)

stattfindet. Lediglich eine Strichzeichnung mit weißen Linien herzustellen würde die grafischen Chancen des Linoldrucks verkennen. Der Bauch des Delfins kann nur hell erscheinen, wenn er mit dem dunklen Meer kontrastiert, der schwarze Rücken benötigt für eine erkennbare Kontur den hellen Himmel usw. (**Abb. 3**). Auch das Kreuz der Spinne wird nur auf einem schwarzen Körper sichtbar (oder umgekehrt), entsprechend muss das Spinnennetz geplant werden. Auch hier gelingt dem Schüler durch die Anordnung der Spinne im breiten Netz auf dem Blatt eine gut komponierte grafische Struktur (**Abb. 4**). Drucken dient der Vervielfältigung – es lassen sich Kalenderblätter herstellen, die gegenseitig getauscht werden, Bilderbücher, illustrierte Geschichten usw. Dazu sollten die Schülerinnen und Schüler beispielsweise Druckgrafiken von der Künstlergruppe Brücke (deutscher Expressionismus) kennen lernen.

5 | Handpuppen

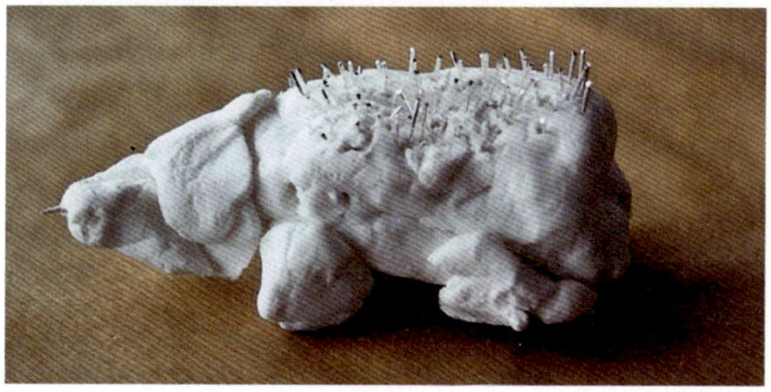

6 | Paula (6;4 Jahre)

Welche Lernziele gibt es beim plastischen Gestalten?

Zu Beginn der Grundschulzeit stehen beim plastischen Gestalten die Materialerfahrung und einfache Formen im Vordergrund. Eine der grundlegenden Techniken ist der Umgang mit Ton: Ein kleiner Igel mit Drahtstacheln ist ein Beispiel für erste Darstellungen damit (**Abb. 6**). Plastische Werke von Künstlern vor allem des 20. Jahrhunderts können betrachtet werden, um Anregungen für die Entwicklung der eigenen Formensprache zu erhalten.

Mit zunehmender Erfahrung lernen die Schülerinnen und Schüler, das Material Ton vielfältig zu nutzen und detailreiche Darstellungen auszubilden. Das plastische Tun kann auch mit anderen Materialien wie Papiermaché entwickelt und beispielsweise für die Gestaltung von Handpuppen genutzt werden (**Abb. 5**). Diese besitzen aus verschiedenen Stoffen zusammengenähte Kleidung. Das textile Gestalten ist ebenfalls ein elementarer Gegenstandsbereich in der Grundschule, der Grundkenntnisse im Umgang mit textilen Materialien beinhaltet.

Das Pendant zum plastischen Gestalten ist das skulpturale Tun: Statt zu formen, indem ich plastische Masse hinzufüge, forme ich, indem ich Material wegnehme. Zumindest in Ansätzen,

1 | Holzobjekte

2 | Simon (10;4 Jahre)

beim Schnitzen von Ästen oder weichem Holz sollten Kinder dieses Vorgehen kennen lernen (**Abb. 1**). Freilich können alle dreidimensionalen Werke im Anschluss farbig gestaltet werden. Hierbei ist besonders darauf zu achten, dass die Farbe die entwickelte Komposition unterstützt.

Grundlegende handwerkliche Techniken sind mit diesen Verfahren verbunden: Sie lernen Werkzeuge nutzen, Raspeln und Schleifen, Sägen, Hämmern und Nageln – Letzteres vor allem beim konstruktiven Umgang mit Holz.

Woher können die Kinder Anregungen bekommen?

Das Betrachten und Reflektieren von Alltagsphänomenen gehört ebenso zum Kunstunterricht in der Grundschule wie die Beschäftigung mit Kunstwerken. Wenn Schülerinnen und Schüler Flipperspiele bauen (→ **Flipperspiele,** S. 109), lohnt es sich, beispielsweise im Internet zu recherchieren, wie sich die originalen Flipperspiele in ihrem Aussehen über die letzten Jahrzehnte hinweg entwickelt haben. Die Kinder können Sammlungen von Flippern zusammenstellen, Lieblingsobjekte auswählen usw. Die Kenntnis dieser Designobjekte erleichtert das eigene Ausgestalten (**Abb. 2**): Ein einheitliches Konzept ist dabei ebenso nötig wie eine sinnvoll komponierte Zielführung für den Ball – oder das Wurfgeschoss aus Pappe.

Das Recherchieren im Internet ist eine Möglichkeit, Medienkompetenz zu erwerben. Doch auch der Umgang mit digitalen Foto- und Videokameras, Scannern und einfachen Bildbearbeitungsprogrammen sollte dazugehören. Allerdings ist der Einsatz dieser Mittel nur dann sinnvoll, wenn auch eine bildnerische, technische oder inhaltliche Notwendigkeit dafür besteht. Wie im Grunde bei allen bildnerischen Mitteln sollte genau geprüft werden, ob ein bestimmtes Thema eine spezifische Technik rechtfertigt. Oder anders gedacht: Wenn ein Kind seine Bildidee – z. B. die Bearbeitung eines Fotos – verwirklichen möchte, benötigt es einen Scanner und ein Bildbearbeitungsprogramm dafür. Am Ende der Grundschulzeit sollten die Schülerinnen und

3 u. **4** | Ausschnitt Trickfilm (4. Schuljahr)

Schüler selbstständig im Internet recherchieren können und an einer Trickfilmproduktion (**Abb. 3** u. **4**) mitgearbeitet haben.

Szenisches Spiel ist ein weiterer Bereich, der obligatorischer Teil des Kunstunterrichts ist, in dem die Kinder Erfahrungen sammeln sollten. Ob Schattentheater, Rollenspiel oder andere Darstellungsformen genutzt werden, kann divergieren. Ein Bühnenstück zu inszenieren bedeutet eine intensive Zusammenarbeit aller Kinder mit verschiedenen Aufgabenfeldern. Nicht jedes Kind kann gut spielen oder sprechen, vielleicht aber die Licht- oder Musikregie führen. Es kann vielleicht besser einen Bühnentext entwickeln oder das Bühnenbild gestalten. Ein Theaterstück aufzuführen bedarf der Vorbereitung und vielerlei Planung, Durchhaltevermögen und Proben. Zumindest einmal sollten die Schülerinnen und Schüler diese Aufgabe bewältigen.

Oftmals sind solche Projekte fächerübergreifend angelegt, denn Deutsch-, Sach- und Kunstunterricht lassen sich dabei in hervorragender Weise verbinden. Wenn Kinder ein Papiertheater zu dem Buch „Die kleine Hexe“ inszenieren, bietet dies zahlreiche Handlungsanlässe: Nicht nur die Erlebnisse der kleinen Hexe aus dem gleichnamigen Buch faszinieren die Kinder. Anhand historischer Grafiken, die Darstellungen von Hexen zur Zeit der Hexenverfolgungen zeigen, kann ein fundiertes Hintergrundwissen erarbeitet werden. Beispielweise können unterschiedliche Hexendarstellungen zeichnerisch entwickelt werden, die Hexencharakteristika spiegeln. Einige Kinder sammeln Kräuter, die bestimmt und in der Klasse aufgehängt werden können. Heilkräuterrezepte werden zu Hause und in der Apotheke erfragt, notiert und erprobt. Andere Schülerinnen und Schüler können Flugsalbe mit kuriosen Zutaten mischen und Fantasierezepte erfinden. Nach dem Essen aufbewahrte Hähnchenknochen dienen als „magische Zutat“ im Zaubertrank oder als Schmuckelement für Ohrgehänge oder Hexenketten, die Zauberkräfte in sich bergen, usw.

Die selbstständige Entwicklung einer Projektidee, die Durchführung und Präsentation eines Projekts ist ein weiteres wichtiges Ziel im Kunstunterricht am Ende der Grundschulzeit. In

Kaufladen für Monster und Fabelwesen (4. Schuljahr)

diesem Fall haben sich die Kinder nach einigen Diskussionen entschieden, einen Kaufladen mit allerlei Gebrauchswaren und Nahungsmitteln für ihre Comic- und TV-Helden, Spielfiguren, Märchen- und Fabelwesen zu entwickeln (**Abb.**). Die Schülerinnen und Schüler haben Pappkartons zusammengestellt und in Form eines Kaufladens mit Papiermaché verklebt. Danach wurden die Regale und die Theke grundiert und mit Druckstöcken aus Pappe farbig bedruckt. Salat mit Katzenblut und Gummischleim kann man neben vielen anderen gruseligen Dingen in diesem Kaufladen für Monster und Fabelwesen kaufen.

Die während der Grundschulzeit erworbenen Kenntnisse im Umgang mit Papiermaché oder im Drucken kamen in diesem Projekt zu einem sinnvollen Einsatz. In lustvollem Tun haben die Kinder darüber hinaus die kuriosesten Lebensmittel zur Bestückung des Ladens hergestellt und die Theke mit Fantasienamen beschriftet. Lange Zeit stand der Laden im Klassenzimmer und wurde in jeder Pause stark frequentiert.

Ist die Förderung der kindlichen Bildsprache überhaupt noch sinnvoll?

Im Zeitalter von Fotohandys und Digitalkameras, Computer und Internet muss immer wieder diese Frage gestellt werden. Doch vielerlei Gründe sprechen dafür: Das gestalterische Tun bringt Kompetenzgefühle mit sich, die zum Selbstbewusstsein und zur Identitätsentwicklung beitragen. Das Ordnen und Strukturieren von Geschehnissen auf der Bildfläche oder im dreidimensionalen Raum hilft bei der Entwicklung des Denkens, der Vorstellungsbildung und Fantasie, der Intelligenz und Konstruktion von Lebensentwürfen. Der Stolz auf das Hervorgebrachte und das damit verbundene Erfolgserlebnis stärken die Persönlichkeit in besonderem Maße. Ruhe und Konzentration werden geübt, und die Freude über selbstständige Lösungen motiviert, auch in anderen Bereichen aktiv, flexibel, innovativ und eigenständig mit Problemen umzugehen. Insbesondere in schwierigen Lebensphasen, die Identitätskrisen mit sich bringen – wie die Pubertät –, wirken sich die mit den Gestaltungsprozessen verbundenen Erfahrungen positiv für das Selbst aus und zeigen sich in Selbstbewusstsein und Zufriedenheit.

Literatur

Aissen-Crewett, Meike: Menschliche und künstlerische Entwicklung. Potsdamer Studien zur Grundschulforschung (Heft 16). Potsdam 1997

Arbeitsgruppe Grundschule im BDK – Fachverband für Kunstpädagogik e. V.: Positionen zum Kunstunterricht in der Grundschule. Sonderdruck. Hannover 2005

Berka, Walter/Brix, Emil/Smekal, Christian: Woher kommt das Neue?, Kreativität in Wissenschaft und Kunst. Wien 2003

Burow, Olaf-Axel: Die Individualisierungsfalle. Kreativität gibt es nur im Plural. Stuttgart 1999

Dietl, Marie-Luise: Kindermalerei. Zum Gebrauch der Farbe am Ende der Grundschulzeit. Münster 2004

Glas, Alexander: Die Bedeutung der Darstellungsformel in der Zeichnung am Beginn des Jugendalters. Frankfurt am Main 1999

Hinkel, Hermann: Zur Bedeutung und Funktion der Kinderzeichnung. In: K+U 51/1978

John-Winde, Helga / Roth-Bojadzhiev, Gertrud: Kinder, Jugendliche, Erwachsene zeichnen. Untersuchung zur Veränderung von der Kinder- zur Erwachsenenzeichnung. Hohengehren 1993

Kirchner, Constanze: Kinder und Kunst der Gegenwart: Zur Erfahrung mit zeitgenössischer Kunst in der Grundschule. Seelze 1999

Kirchner, Constanze: Digitale Kinderzeichnung. Annotationen zum derzeitigen Forschungsstand. In: Kunst+Unterricht 246/247/2000

Kirchner, Constanze: „Krieg" in der Kinderzeichnung. In: Kunst+Unterricht 279/2004

Kirchner, Constanze / Kirschenmann, Johannes (Hg.): Mit Kunst zur Kunst. Beispiele ästhetischer Praxis zur handlungsorientierten Kunstrezeption. Donauwörth 2004

Kirchner, Constanze / Peez, Georg (Hg.): Werkstatt: Kunst. Anregungen zu ästhetischen Erfahrungs- und Lernprozessen im Werkstattunterricht. Hannover 2001. (2. Aufl.) Norderstedt 2005

Kirchner, Constanze / Schiefer Ferrari, Markus/ Spinner, Kaspar H. (Hg.): Ästhetische Bildung und Identität. München 2006

Kirchner, Constanze: Kinderzeichnung im Wandel. In: Kirschenmann, Johannes / Schulz, Frank / Sowa, Hubert: Kunstpädagogik im Projekt der allgemeinen Bildung. München 2006

Kirchner, Constanze: Kreativität, Heterogenität und Bildungserfolg. Zu den Potenzialen ästhetischer Bildung für die Identitätsentwicklung. In: Brög, Hans/ Foos, Peter/ Schulze, Constanze (Hg.): Korallenstock. Kunsttherapie und Kunstpädagogik im Dialog. München 2006

Kirchner, Constanze: Begabung. In: Kunst+Unterricht 307/308 2006

Kirchner, Constanze: Ästhetische Bildung im Fach Kunst. In: Kahlert, Joachim / Lieber, Gabriele / Binder, Sigrid (Hg.): Ästhetisch bilden. Begegnungsintensives Lernen in der Grundschule. Braunschweig 2006

Kirchner, Constanze (Hg.): Kunstunterricht in der Grundschule. Lehrer-Bücherei: Grundschule. Berlin 2007

Kläger, Max: Phänomen Kinderzeichnung. Manifestationen bildnerischen Denkens. (3. Aufl.). Baltmannsweiler 1995

Kunst+Unterricht 246/247/2000: Kinder- und Jugendzeichnung

Laewen, Hans-Joachim / Anders, Beate (Hg.): Forscher, Künstler, Konstrukteure. Werkstattbuch zum Bildungsauftrag von Kindertageseinrichtungen. Weinheim 2002

Meyers, Hans: Die Welt der kindlichen Bildnerei. Witten 1957

Mohr, Anja: Digitale Kinderzeichnung. Aspekte ästhetischen Verhaltens von Grundschulkindern am Computer. München 2005

Mühle, Günther: Entwicklungspsychologie des zeichnerischen Gestaltens. Grundlagen, Formen und Wege in der Kinderzeichnung. (1. Aufl. 1955). Frankfurt am Main 1971

Philipps, Knut: Warum das Huhn vier Beine hat. Das Geheimnis der kindlichen Bildsprache. Darmstadt 2004

Preiser, Siegfried/Buchholz, Nicola: Kreativität. Ein Trainingsprogramm für Alltag und Beruf (2. Auflage). Heidelberg 2004

Reiß, Wolfgang: Kinderzeichnungen. Wege zum Kind durch seine Zeichnung. Neuwied / Kriftel / Berlin 1996

Richter, Hans-Günther: Die Kinderzeichnung. Entwicklung, Interpretation, Ästhetik. Düsseldorf 1987

Schäfer, Gerd E.: Bildung beginnt mit der Geburt. Ein offener Bildungsplan für Kindertageseinrichtungen in Nordrhein-Westfalen. Weinheim 2005

Schoppe, Andreas: Kinderzeichnung und Lebenswelt. Neue Wege zum Verständnis des kindlichen Gestaltens. Herne 1991

Schulz, Frank: Das bildnerische Talent und seine Entwicklung in der Ontogenese. Eine Studie zur Ausprägung der Künstlerpersönlichkeit. Dissertation. Leipzig 1987

Schuster, Martin: Kinderzeichnungen. Wie sie entstehen, was sie bedeuten. Berlin / Heidelberg / New York 1994

Seitz, Rudolf: Zeichnen und Malen mit Kindern. Vom Kritzelalter bis zum 8. Lebensjahr. 7. Auflage. München 1995

Seitz, Rudolf: Phantasie & Kreativität. Ein Spiel-, Nachdenk- und Anregungsbuch. München 1998

Seitz, Rudolf und das Münchner Team: Kinderatelier. Malen, Zeichnen, Drucken, Bauen. München 1986

Wichelhaus, Barbara: Entwicklung / Kinderzeichnung. In: Kunst+Unterricht 163/1992

Winter, Klaus: Kinderbahnhof Lokomotive. Kunsterfahrung, Kommunikation, Spiel. Frankfurt am Main 1982

Bildnachweise

Titelbild: Gemeinschaftswerk (Ausschnitt) der Klasse 1c/KGS Gerlingen, aus dem Unterricht von Brigitte Limper

Monika Miller: S. 20/S. 21/S. 22/S. 48, Abb. 1/S. 50, Abb. 1 u. 3/S. 52, Abb. 1 u. 3/S. 53, Abb. 4/S. 54, Abb. 1–2/S. 55/S. 56/S. 59/S. 61, Abb. 3/S. 62, Abb. 2/ S. 65, Abb. 4/S. 73, Abb. 1 u. 2/S. 91, Abb. 1/S. 133, Abb. 1/S. 136/S. 138, Abb. 1/S. 141, Abb. 1/S. 144, Abb. 1/S. 154, Abb. 1–2

Kindertagesstätte Ulm/Ursula Neidlinger: S. 12, Abb. 1–3/S. 14, Abb. 1/S. 18, Abb. 1/S. 107, Abb. 3–4

Wolfgang Neidlinger: S. 114, Abb. 1

Vroni Speer: S. 13, Abb. 4–5

Aus dem Unterricht von Birgit Kubiak: S. 15, Abb. 3–4/ S. 32/S. 34, Abb. 1–3/S. 38/S. 53, Abb. 4/S. 86, Abb. 1/ S. 105, Abb. 4/S. 108, Abb.1

Malschule Lokomotive, Dreieich/aus dem Unterricht von Sabine Gaubatz: S. 17/S. 61, Abb. 2/S. 62, Abb. 3/ S. 66, Abb. 1–2/S. 83, Abb. 1–3/S. 86, Abb. 3/S. 104, Abb. 3/S. 105, Abb. 5/S. 155, Abb. 5/S. 106, Abb. 1/ S. 120, Abb. 2/S. 122, Abb. 1–2/S. 156, Abb. 1

Andreas Schoppe: S. 60, Abb. 1

Monika Schor: S. 157, Abb. 3–4

S. 44, Abb. 41 aus Meyers, Hans: Die Welt der kindlichen Bildnerei. Witten 1957

S. 53, Abb. 6: aus Seitz 1995 © Rudolf Seitz, S. 67

S. 110, Abb. 1/S. 117, Abb. 2: aus: Mohr, Anja: Digitale Kinderzeichnung. Aspekte ästhetischen Verhaltens von Grunschulkindern am Computer. München 2005

S. 120,Abb. 1: Asger Jorn: Geliebte Viecher © Donation Jorn, Silkeborg/VG Bild-Kunst, Bonn 2008

S. 121, Abb. 3: Antoni Tapies: Bett © Fondation Antoni Tapies Barcelona/VG Bild-Kunst, Bonn 2008

S. 122, Abb. 3: Pablo Picasso: Frau, die ein Kind trägt © Succession Picasso/VG Bild-Kunst, Bonn 2008

S. 125, Abb. 2: Lyonel Feininger: Torturm II, 1925 © VG Bild-Kunst, Bonn 2008

S. 126, Abb. 2: Wassily Kandinsky: Gelb-Rot-Blau © VG Bild-Kunst, Bonn 2008

S. 128, Abb. 1: Georg Baselitz: Vier Hände © Georg Baselitz